Marion Höft

Erst wenn der Mensch sich ändert!

Warum Hunde Führung brauchen

www.tredition.de

© 2020 Marion Höft

Deutsche Erstausgabe Februar 2020

Webseite: www.problem-mensch-hund.de

Fotos: www.pjm-fotografie.bayern

Verlag und Druck: tredition GmbH, Halenreie 40-44, 22359 Hamburg

ISBN
Paperback: 978-3-347-00686-7
Hardcover: 978-3-347-00687-4
e-Book: 978-3-347-00688-1

Bibliografische Informationen der Deutschen Nationalbibliothek:

Die Deutsche Nationalbibliothek verzeichnet diese Publikation in der Deutschen Nationalbibliografie; detaillierte bibliografische Daten sind im Internet über http://dnb.d-nb.de abrufbar.

Haftungsausschluss:

Dieses Buch enthält Links zu externen Webseiten Dritter, auf deren Inhalte die Autorin keinen Einfluss hat. Deshalb kann die Autorin für diese fremden Inhalte keine Haftung übernehmen. Für die Inhalte der verlinkten Seiten ist stetes der jeweilige Anbieter oder Betreiber der Seiten verantwortlich. Die verlinkten Seiten wurden zum Zeitpunkt der Verlinkung auf mögliche Rechtsverstöße überprüft, rechtswidrige Inhalte waren nicht erkennbar.

„Hunde kommen in unser Leben, um uns etwas beizuringen. Sie helfen uns zu wachsen!"

Marion Höft

Marion Höft

Erst wenn der Mensch sich ändert!

Warum Hunde Führung brauchen

Inhalt

Zu diesem Buch:

Dieses Buch wirft eine andere Sicht auf unsere Hunde und ihre Menschen sowie deren Verhalten. Wird durch verschiedene Trainingsmethoden lediglich an den sichtbaren Symptomen der Verhaltensprobleme gearbeitet, geht Marion Höft der Frage nach, warum die Beziehung zwischen Mensch und Hund immer häufiger gestört ist. Sie beleuchtet das Verhalten der Menschen und wie dieses das Verhalten der Hunde beeinflusst. In ihrer Arbeit stellt Marion Höft häufig fest, dass die Ursache für das Fehlverhalten der Hunde eine falsche Interpretation des Verhaltens und der Kommunikation der Hunde ist.

Dieses Buch ist weder ein Erziehungsratgeber, noch beinhaltet es Trainingsanleitungen. Es soll zum Nachdenken anregen und motivieren, die entstandenen Beziehungsprobleme zwischen Mensch und Hund nicht nur einseitig zu betrachten. Kommt es zu Problemen zwischen Hunden und ihren Menschen, geht es immer um Ursache und Wirkung. Trainiert man nur die Hunde, wird lediglich an der Wirkung gearbeitet, die Ursache aber bleibt außen vor.

Autorin:

Marion Höft, Jahrgang 1965, lebt seit ihrer frühesten Jugend mit Hunden. Sie hat deren Verhalten noch in ihrer Natürlichkeit erlebt, als es noch keine Hundeschulen oder Hundetrainer*innen gab und auch nicht geben musste. Für Marion Höft sind Hunde nicht nur Haustiere. Für sie sind Hunde Begleiter aber auch Lehrmeister, die ihren Menschen zeigen, dass weniger so viel mehr sein kann. Heute arbeitet Marion Höft als Hundetrainerin und zert. Problemhundtherapeutin. Auf Auslandsreisen beobachtet sie regelmäßig Straßenhunde, deren Verhalten und Kommunikation noch ohne menschlichen Einfluss und daher natürlich ist. Doch ihre eigentliche Arbeit ist die mit den Menschen. Sie führt die Menschen wieder zu ihren Hunden und begleitet sie auf ihrem Weg, ihren Hunden die Persönlichkeit zu werden, die Hunde wirklich brauchen. Aus ihrer langjährigen Erfahrung heraus weiß Marion Höft, dass Hundetraining ohne Menschentraining niemals zu einem dauerhaften Erfolg führen wird.

Liebe Leserinnen und Leser,

die in diesem Buch aufgeführten Beispiele basieren auf real existierenden Menschen und ihre Hunden, es sind Beispiele aus meinem beruflichen Alltag.

Um deren Privatsphäre zu schützen, habe ich die Namen von Menschen und Hunden, die Orte, die Rassen und auch das Geschlecht der Hunde geändert.

Sollten Sie sich dennoch in so machner Geschichte wiedererkennen, seien Sie unbesorgt. Ihres ist nur ein Beispiel von sehr sehr vielen, die ich tagtäglich in meiner Arbeit erlebe.

Als bekannt wurde, dass ich dieses Buch schreiben werde, wurde ich von vielen Kundinnen und Kunden gefragt, ob sie in diesem Buch vorkommen werden.

Vielleicht freuen Sie sich sogar, dass Sie es geschafft haben, Teil dieses Buches zu werden und so anderen bei ihren Problemen mit ihrem Hund Mut machen zu können.

Einen Rat möchte ich Ihnen noch an die Hand geben:

Wenn Sie Probleme mit Ihrem Hund haben, zögern Sie bitte nicht sich professionelle Hilfe zu holen. Die Beispiele in diesem Buch zeigen Lösungswege auf, die auf das jeweilige Mensch-Hund-Team abgestimmt waren. Bei Ihnen und Ihrem Hund können die Ursachen für die Beziehungsprobleme ganz woanders liegen. Manchmal sieht man den Wald vor lauter Bäumen nicht und da kann es sehr hilfreich sein, sich einen außenstehenden Profi zur Unterstützung zu holen. Denn eine universelle Bedienungsanleitung, die für alle Hunde und ihre Menschen gleichermaßen gelten kann, gibt es nicht. Jeder Mensch und auch jeder Hund hat seine individuellen Stärken, Schwächen und auch Kompetenzen. Diese gilt es zu erkennen, um den Weg zu finden, den Hund und Menschen gemeinsam gehen können.

Seien Sie unbesorgt, Sie haben nicht versagt. Sich Unterstützung zu holen, zeigt von einem großen Verantwortungsbewusstsein.

Widmung

Liebe Marion,

ich gratuliere Dir ganz herzlich zu Deinem ersten Buch und freue mich sehr über die Möglichkeit, eine Widmung für Dich zu schreiben. Haben wir doch eine ganz besondere Verbindung durch meinen Rüden Miele.

Als ich im März 2018 ein Einzeltraining in Petershagen bei Marion Höft gebucht hatte, wusste ich nicht, dass dieses Training ganz anders verlaufen sollte, als ich es mir vorstellen konnte.

Ich hatte eigentlich schon aufgegeben und war mir sicher, ich schaffe es nicht mit Miele (ital. Honig) zu leben. Dieses dreitägige Intensivtraining war, meiner Meinung nach, unsere letzte Möglichkeit!
Marion hat mein ganzes Denken, eigentlich mein Leben umgekrempelt und damit den Weg für ein Leben mit Miele geschaffen.
Nicht Miele war das Problem, sondern ich!
Ich hatte vergessen wer ich eigentlich war und diese Unsicherheit und Unzufriedenheit unbewusst auf Miele übertragen. Ja, Hunde sind unser Spiegel.

Ich danke Dir von ganzem Herzen, dass Du mich so erfolgreich therapiert und mir gezeigt hast, wer ich eigentlich schon immer war – eine tolle selbstbewusste Frau, die Miele (Honigtöpfchen) ein starkes Frauchen ist und ihm Orientierung gibt.

Dein Buch wird vielen die Augen öffnen, die sich darauf einlassen können und nicht die Fehler bei anderen suchen, sondern bereit sind etwas zu verändern.

Viel Erfolg mit diesem tollen Buch und ich hoffe auf weitere Fortsetzungen.

Silvia

Einleitung

Früher war alles besser! Wer kennt nicht diesen Satz unserer Eltern und Großeltern? Es war sicher nicht alles besser, aber doch vieles entspannter. Ähnlich wie die Hunde waren die Menschen überwiegend damit beschäftigt, sich und ihren Familien das Überleben zu sichern. An einen Konsumwahn, wie wir ihn heute kennen, war gar nicht zu denken.

Die Menschen waren noch nicht von außen fremdbestimmt, sammelten ihre Erfahrungen selbst, und lebten ihr Leben, wie sie es für richtig hielten. Diskutiert wurde abends am Stammtisch von Angesicht zu Angesicht und ein freundlicher Gruß war ebenso eine Selbstverständlichkeit wie ein "Bitte" oder "Danke".

Hunde gehörten zum Alltag und hatten eine feste Aufgabe: Sie bewachten Haus und Hof ebenso wie ihre Menschen. Die Hunde lebten meist draußen. Über die Ernährung gab es weder wissenschaftliche Studien noch Futtertempel mit einem Überangebot an überteuerten Spezialfuttersorten. Hundeschulen kamen erst in den 80er Jahren so richtig in Mode. Die Menschen waren gezwungen, sich auf ihren gesunden Menschenverstand sowie auf ihre Instinkte zu verlassen. Das Zusammenleben mit ihren Hunden funktionierte ohne

Grundkommandos, ohne Erziehungskurse oder "Google und Facebook" – vielleicht gerade deshalb!

In natürliche, hündische Verhaltensweisen wurden keine Probleme hineininterpretiert, die Menschen wussten mit diesen umzugehen. Kinder wurden ermahnt, Hunden mit Respekt zu begegnen und ihre Natur zu achten. Taten sie es nicht, bekamen sie einen Anpfiff. Niemand kam auf die Idee, Hunde für ihre Warnungen zu maßregeln oder ihnen diese gar abzutrainieren.

Heute werden Hunde trainiert, geclickert, kommandiert oder mit Leckerlies abgelenkt. Sie werden positiv oder negativ gelobt, klassisch oder operant konditioniert, oder es wird die positive oder negative Verstärkung angewendet. Sie werden beschäftigt und zu immer neuen Höchstleistungen getrieben. Der Mensch nennt es Spiel und Spaß, verbunden mit einer, wie auch immer, gearteten Auslastung der Hunde.

Wenn all dies die vermeintliche Funktionsstörung der Hunde nicht beheben kann, wird die nächste Stufe im Erziehungsdschungel gezündet. Die Hunde werden dominiert, unterworfen und bis zur Aufgabe all ihrer hündischen Verhaltensweisen getrieben.

Damit potentielle Kunden nicht abgeschreckt werden, wurde der Begriff „positive Bestrafung" eingeführt. Hört sich gut an, der Widerspruch darin wird aber nicht wahrgenommen. Verspricht doch das Wort "positiv" endlich die gewünschte "Heilung" unserer Hunde.

Bei all dem wird völlig übersehen, dass man sich Lebewesen ins Haus geholt hat und keine Maschinen, die gemäß einer Bedienungsanleitung funktionieren, wie der Mensch es gerne hätte. Man hat übersehen, dass jeder Hund ganz individuell und manchmal auch speziell ist, dass Hund nicht gleich Hund ist und der Einfluss des Menschen auf seinen Hund nicht mit irgendeiner Methode ausgeschaltet werden kann.

Es verwundert daher nicht, dass sich im Lauf der Jahre ein Grundproblem in die Beziehung von Mensch und Hund eingeschlichen hat. Von vielen verschiedenen Seiten wird den Hundehalterinnen und -haltern diktiert, wie ein Hund zu sein hat, was er alles können müssen soll und dass es der Hund ist, der lernen und trainiert werden muss.

Es wird immer noch, wie seit Jahrzehnten, vorgegeben dass ein Hund die Grundkommandos beherrschen muss und keine typischen Verhaltensweisen wie Knurren oder Bellen zeigen darf. Diese Verhaltensweisen gelten in der Menschenwelt als störend und nicht Wenige bezeichnen diese hündische Kommunikation bereits als gefährlich. Mittlerweile schwingt über jeden Hund das Damoklesschwert "aggressiv", der auch nur ansatzweise seine Zähne zeigt oder die Pfote auflegt.

Mit all diesen Informationen, den schier unendlichen Tipps und Tricks, online und offline, überrascht es nicht, dass viele Menschen mehr und mehr verunsichert werden und kaum noch wissen, was richtig und was falsch ist.

Aus diesem Grund versucht der Mensch seinem Hund alles abzuerziehen oder wegzutrainieren, was ihn ausmacht. Dafür wird viel Zeit und Geld aufgewendet, will man doch den perfekten Hund vorführen können. Einen Hund, der auf´s Wort gehorcht und Kinder liebt – man nennt es gut erzogen.

Zieht und zerrt der Hund dennoch an der Leine, muss der Hund ins Bootcamp. Er ist es, der ein Fehl- oder auch unerwünschtes Verhalten zeigt und resozialisiert werden muss.

Dass häufig der Mensch die Ursache für die Verhaltensprobleme der Hunde ist, findet immer noch viel zu wenig Beachtung. Wenn der Hund nicht wie gewünscht funktioniert, wird die Ursache für die Beziehungsprobleme bei dem Hund gesucht. Sich selbst zu (hinter)fragen, warum der Hund seinem Menschen nicht vertraut, passt nicht in die heutige, moderne Welt. Diese Sicht passt nicht in eine Welt, in der sich der Mensch als perfekt inszeniert.

Um die Bindung der Hunde zu ihren Menschen zu fördern wird gerne empfohlen, verhaltensauffällige Hunde in diversen Beschäftigungsprogrammen bis zum Anschlag auszulasten oder sie auf einer Hundespielwiese mit ihren Hundekumpels spielen zu lassen.
Wenn dies alles die Bindung stärken und eine Beziehung fördern soll, sei die Frage erlaubt, warum die Anzahl der so genannten Problemhunde rasant steigt, warum die Tierheime überfüllt sind und man beim Studieren der Hilferufe „dringend neues Zuhause gesucht" kein Ende mehr findet.

Wir Menschen müssen uns fragen, ob wir uns in Bezug auf unsere Hunde nicht verirrt haben, uns von einer einflussreichen Industrie in die Irre haben treiben lassen? Zeigen uns diese erschreckenden Tatsachen nicht vielmehr, dass wir mit unseren Trainings- und Auslastungsmethoden auf dem Holzweg sind?

Mit unserer Entwicklung zu einer modernen Konsumgesellschaft, haben wir auch den Blick auf unsere Hunde verändert. Heute sehen wir unsere Hunde mit Menschenaugen und meinen, was uns glücklich macht bedeutet auch das größtmögliche Hundeglück.

Wir freuen uns, wenn wir unsere dressierten Hunde anderen vorführen können und sind stolz wie Bolle, wenn wir dafür Komplimente einheimsen.

Und so werden sie geübt, die Grundkommandos Sitz! Platz! Bleib!

Bei meiner Arbeit habe ich immer wieder mit Hunden zu tun, die völlig überdreht sind und nicht zur Ruhe kommen (können). Ich sehe Hunde, die nach ihren Menschen schnappen, um den nächsten Adrenalinschub zu bekommen. Ebenso sehe ich Hunde, die völlig orientierungslos auf sich selbst gestellt sind. Ich erlebe dauerbeschäftigte Hunde, denen jegliches Hundsein abtrainiert wurde.

Und es gibt Menschen, die eine feste Struktur als Freiheitsberaubung sehen. Menschen, die trotz aller Probleme nichts ändern wollen, weil der Hund so traurig drein blickt. Die ihn dann aber ohne zu zögern abgeben, sobald er das erste Mal geschnappt hat.

Statistiken zeigen, dass ca. neunzig Prozent aller Probleme während den gemeinsamen Aktivitäten auftreten. Mit diesem Wissen sollten wir das "Wundermittel" Auslastung hinterfragen. Mit unseren Hunden ist nichts verkehrt gelaufen, sie sind wie und was sie immer waren: Hunde!

Die Menschen haben sich verändert, möchten ihren Hunden (und auch Kindern) Partner auf Augenhöhe oder beste Freunde sein. Sie wollen mit ihren Hunden spielen, kuscheln und Spaß haben, sie sollen Licht in die dunkle, einsame Welt des Menschen bringen.

Wie kann ein Lebewesen, das so ganz andere Bedürfnisse hat, die menschlichen Erwartungen erfüllen, ohne überfordert zu sein?

Hunde brauchen Autoritäten an ihrer Seite, die für sie Regeln aufstellen sowie Grenzen setzen und ihnen dadurch ihre dringend benötigte Orientierung geben.

Welch ein schlimmes Wort in des Menschen Ohr: Autorität! Haben sich viele Jahre auch die Menschen an Autoritäten orientiert, wird der Begriff heute gleichgesetzt mit Gewalt und Druck, sodass die Menschheit ihr Wohl im Gegenteil gesucht hat. Antiautoritär war fortan viele Jahre der Schlüssel zum Glück. Alles laufen lassen, grenzenlose Freiheit für alle, ohne Rücksicht auf andere. Das Resultat sehen wir heute: viele junge Menschen auf der Suche nach Halt und viele Hunde, die wir als verhaltensauffällig bis gefährlich bezeichnen. Wenn wir uns mit dem Begriff Autorität auseinandersetzen, bekommt er eine ganz andere Assoziation. Laut Wikipedia ist Autorität im weitesten Sinne das Ansehen, welches einer Person zugeschrieben wird und bewirken kann, dass sich andere Menschen in ihrem Denken und Handeln nach ihr richten. Heute bezeichnen wir diese Menschen als Persönlichkeiten. Es hat sich also nur der Begriff für ein und dieselben Personen geändert.

Im Lauf der Jahre sind wir zu einer verunsicherten Gesellschaft geworden, die sich mit Autorität schwertut. Wir sind zu einer Gesellschaft geworden, die sich kaum noch traut, ihren Instinkten zu folgen. Heute wird online nach Lösungen für alle vermeintlichen Probleme gesucht, anstatt auf seinen Bauch zu hören. Es gilt die Devise, nur nicht der eigenen Meinung folgen, nur nicht anecken, nur keinen Shitstorm auslösen!

Wir Menschen haben uns verändert, nicht aber unsere Hunde. Wir sind gefordert zurückzukehren auf den gesunden Mittelweg, unsere Hunde auch mal Hunde sein zu lassen und ihnen, ihrer Rasse entsprechend, hündische Aufgaben zukommen zu lassen. Ihnen aber auch, wenn nötig, ihre Grenzen aufzuzeigen.

Der Mensch muss wieder lernen, mit dem natürlichen Verhalten der Hunde umzugehen!

Unter Bindung versteht man die Herstellung und Aufrechterhaltung sozialer Nähe. Daher kann man sie weder auf Spielwiesen finden noch auf Trainingsplätzen lernen. Bindung entsteht in unserem täglichen Umfeld, während unseres Zusammenlebens in unserem Alltag.

Ein ausgiebiger Spaziergang durch die Natur und gemeinsam die Welt erkunden oder auch mal zusammen ruhen, kann mehr erreichen, als den nächsten Agilityrekord zu brechen.

Unsere Hunde müssen in keine Schule, sie bringen alles mit was es für ein friedliches Zusammenleben mit uns Menschen braucht.

Wir Menschen müssen wieder lernen, dass man die Verantwortung für sein Glück nicht delegieren kann, weder auf seinen Partner, seine Kinder noch auf seine Hunde.

In diesem Zusammenhang fällt mir ein altes Sprichwort ein: „Jeder ist seines Glückes Schmid!" Heute mehr denn je!

Begleiten Sie mich auf meiner Reise durch die Welt unserer grossartigen, aber häufig missverstanden Lehrmeister, deren einziger Fehler häufig darin besteht, dass sie Hunde sind!

Ja, aber...

Dass ich diese Worte im Laufe des Abends noch häufig zu hören bekommen würde war mir nicht bewusst, als ich auf dem Weg zu Familie Jordan war. Sie hatten mich um ein Beratungsgespräch bei ihnen gebeten, um ihre Golden Retriever Hündin Emma besser verstehen zu können.

Als ich zum vereinbarten Zeitpunkt bei der Familie eintraf, wurde ich bereits freudig von Frau Jordan erwartet, ebenso von ihrer Hündin Emma. Diese sprang unentwegt an mir hoch und war sichtlich aufgeregt. Frau Jordan erklärte mir, dass sich Emma über jeden Besuch sehr freut, Emma aber nichts tut und ich doch hereinkommen soll.

Wir gingen in die Küche und setzten uns an den großen Esstisch. Ich war ein wenig erstaunt, dass von der Familie niemand zu uns kam, um an diesem vereinbarten Gespräch teilzunehmen. Jedoch gab mir dies einen ersten Einblick in das Leben und vor allem den Stand von Frau Jordan in dieser Familie.

Frau Jordan kochte uns Kaffee, setzte sich zu mir an den Tisch und ich bat sie, mir ihre Probleme zu schildern.

Allerdings gestaltete sich die Konversation schwierig. Nach und nach kamen die vier Töchter hinzu, leisteten uns Gesellschaft, um anschließend wieder in ihre Zimmer zu gehen. Frau Jordan unterbrach unsere Unterhaltung mehrmals, um die Töchter mit Essen oder Trinken zu versorgen. Auch Herr Jordan, der eigentliche Besitzer von Emma, kam und ging, ohne sich wirklich an unserem Gespräch zu beteiligen.

Auch wenn während dieser Zeit wenig Worte gewechselt wurden, war dies für mich sehr aufschlussreich, bekam ich doch einen guten Einblick in den Alltag dieser lebendigen Familie.

Mich hat es nicht verwundert, dass auch Emma keine Ruhe fand. Sie lief die ganze Zeit aufgeregt hin und her, forderte Leckerchen ein, brachte ihr Spielzeug oder auch die Schuhe der Familienmitglieder.

In einer etwas ruhigeren Ecke der Küche bemerkte ich einen kleinen Hund, der tief und fest in seinem Bett schlief. Frau Jordan erklärte mir, dass dies Benny ist und er die meiste Zeit des Tages dort liegt und schläft. Benny war ein zwölfjähriger Rüde, fast erblindet und nur noch wenig aktiv. Gelegentlich gerieten Emma und Benny aneinander, wenn Emma sich in Bennys Bett legen will. In diesen Momenten geht Benny auf Emma los und hat sie bereits mehrfach verletzt. Frau Jordan berichtete mir, dass sie dieses Verhalten von Benny nicht versteht. Emma tut ihm ja nichts und will doch nur spielen.

Ich lenkte das Gespräch wieder auf Emma und bat Frau Jordan mir mehr zu erzählen. So erfuhr ich, dass Emma ein Geschenk für ihren Mann war. Dieser hatte sich lange einen sportlichen und aktiven

Hund gewünscht. Herr Jordan unternimmt viele Radtouren und wollte für seine Aktivitäten gerne einen treuen Begleiter. Aus diesem Grund haben die Töchter und sie zusammengelegt und Emma gekauft, um ihm seinen Wunsch zu erfüllen.

Allerdings ist Emmas Erziehung an ihr hängen geblieben. Sie kümmert sich neben Beruf, Haushalt, den Kindern und ihren Mann auch noch um Emma, die zunehmend Probleme bereitet.

Da die Eltern und auch die Töchter berufstätig sind, ist es unabdingbar, dass Emma auch alleine bleiben kann. Doch mehr und mehr beginnt Emma, nicht nur die Schuhe zu zerbeissen sondern auch das Mobilar zu zerstören, sobald die Familie das Haus verlässt.

Dann berichtete mir Frau Jordan etwas, was ich während meiner Laufbahn bis dahin noch nicht gehört hatte. Familie Jordan saß abends im Wohnzimmer beim Fernsehen, wie immer war Emma dabei und verlangte nach Beschäftigung. Sie brachte ständig ihr Spielzeug, jemand warf es und Emma brachte es immer und immer wieder.

Plötzlich, so Frau Jordan, saß Emma starr vor ihnen und fiel von einer Sekunde auf die andere um. Dieser Zustand hat etwa zehn Minuten gedauert. Nach dieser Bewusstlosigkeit hat Emma sofort wieder ihr Spielzeug gebracht und die Familie hat dieses weiterhin geworfen.

Diese Aussage hat mich sehr beunruhigt und ich konnte nur vermuten, dass Emma vor Erschöpfung umgefallen war.

In diesem Moment kam Herr Jordan zu uns und fand auch kurz die Zeit, sich an unserem Gespräch zu beteiligen.

Er erzählte mir, dass er jeden Tag ausgiebige Spaziergänge mit Emma unternimmt und Emma auch frei laufen lässt. Hören allerdings tut Emma nicht, wenn er sie ruft, aber aus seiner Sicht ist dies auch nicht weiter schlimm. Emma ist schließlich ein sportlicher Hund der auch laufen und jagen muss. Ein weiterer Grund für ihn sich Rat zu holen war, dass Emma nicht vernünftig an der Leine geht und dies für ihn ziemlich nervig ist. Er berichtete, dass er engagierter Radfahrer ist und auch ausgiebige Touren unternimmt. Daher braucht er einen Hund, der sein Tempo und seine Strecken mithalten kann, dies ist mit Emma der Fall.

Allerdings ärgert er sich über sie, sobald sie zuhause sind. Emma läuft ständig im Haus umher, bellt lautstark sobald es an der Haustür klingelt und vor allem geht ihre Zerstörungswut gar nicht. Da die Familie tagsüber nicht zuhause ist, muss Emma auch alleine bleiben können.

Frau Jordan erzählte mir, dass sie mit beiden Hunden bereits in einer Hundeschule war. Dort wurde ihr erklärt, dass Emma aufgrund einer mangelnden Auslastung diese Verhaltensauffälligkeiten zeigt und dringend mehr Beschäftigung braucht. Dasselbe haben auch die Nachbarn geraten.

Nach diesen Erklärungen hatte sie in der Hundeschule einen Agilitykurs gebucht und auch zuhause im Garten einen Parcurs aufgebaut, damit Emma trainiert werden konnte.

Doch Emma wurde nicht ruhiger, im Gegenteil. Ihre Unruhe und Umtriebigkeit hat sich weiter gesteigert und sie ist dazu übergegangen, nun auch das Haus zu zerstören. Sie zerbeißt Türrahmen und auch Wände. Nachdem Emma bei Abwesenheit der Familie zuletzt auch ein kostbares Möbelstück zerbissen hatte war klar, dass dringender Handlungsbedarf besteht.

Während der ganzen Zeit des Gesprächs herrschte weiter munteres Treiben innerhalb der Familie. Jeder kam und ging, redete dazwischen, stellte Fragen um anschließend wieder zu gehen.

Auch Herr Jordan hatte offensichtlich, trotz unseres Termins, immer wieder anderweitig zu tun und mir wurde bewusst, dass mir eine Mammutaufgabe bevorstand. Ich musste diese lebhafte Familie davon überzeugen, dass Emma dringend Ruhe lernen muss, da die Hündin vollkommen überdreht war und zu einem Adrenalinjunkie erzogen wurde.

Ich bat Frau Jordan, die ganze Familie an den Tisch zu bringen und erklärte ihr, dass Emmas Probleme nur gemeinsam in den Griff zu bekommen waren.

Nachdem alle versammelt waren erläuterte ich der Familie, dass Emmas Ohnmacht ein Alarmsignal war und auch ein Weckruf gewesen sein sollte. Emma war bis über ihre Kräfte ausgelastet und dieser Dauerstress würde mittel- und langfristig auch auf Emmas Gesundheit Auswirkungen haben.

Entgegen allen Empfehlungen, die die Familie bis dahin bekommen hatte, machte ich deutlich, dass für Emma ab sofort absolute Ruhe verordnet werden muss.

Herr Jordan sah mich mit großen Augen an, überlegte kurz und meinte: „Ja das macht Sinn, aber muss ich dann ohne Emma Fahrrad fahren?" Ich antwortete: „Ja, und zwar solange, bis Emma ihren „Andrenalinentzug" hinter sich gebracht hat und sich auch von alleine auf ihren Ruheplatz begibt." Herr Jordan sah nicht glücklich aus und delegierte diese Aufgabe an seine Frau, die nur noch die Augen verdrehen konnte. Herr Jordan machte deutlich, dass er einen Hund will, mit dem er etwas unternehmen und mit dem er Spaß haben kann, aber keinen, der ihm Arbeit macht. Mit diesen Worten verließ er unsere Runde und auch die Töchter gingen wieder ihrer Wege und vor mir saß eine Frau, die den Tränen nahe war.

Sie erzählte mir, dass dies von Anfang an so gewesen ist und dass alle Arbeit an ihr hängen bleibt. Sie ist berufstätig, arbeitet im Schichtdienst und kommt kräftemäßig an ihre Grenzen. Von ihrem Mann bekommt sie keine Unterstützung und sobald es schwierig wird, geht er seiner Wege. Ob ich ihr nicht helfen kann? Ich soll Herrn Jordan ins Gebet nehmen, damit sich die familiäre Situation wieder bessern kann. In diesem Moment kamen die Töchter wieder hinzu und bestätigten die Ausführungen ihrer Mutter.

Ich jedoch hatte einen anderen Eindruck gewonnen. Hier hatte sich die geballte Frauenpower gegen Herrn Jordan in Stellung gebracht und keine der Frauen nahm ihn und seine Bedürfnisse wirklich ernst. Mein Gedanke war, dass Emma für Herrn Jordan die Möglichkeit zur Flucht aus diesem Zusammenhalt der Frauen war.

Auch wenn ich mir nicht sicher war, ob dies nun der richtige Zeitpunkt für meine Offenheit war, teilte ich meine Gedanken den Frauen mit und was ich sah, überraschte mich sehr. Die vier Töchter und auch Frau Jordan sahen mich mit großen Augen an und ich spürte eine deutliche Betroffenheit, die sich durch ein langes Schweigen ausdrückte.

Frau Jordan fand als erste ihre Sprache wieder und bestätigte meinen Eindruck. Sie sagte, dass ihr Mann dieses bereits mehrfach angesprochen hat, er aber nicht ernst genommen wurde, im Gegenteil. Mehr als einmal haben sie und ihre Töchter ihn ausgelacht. In diesem Moment erfuhr ich auch, dass Herr Jordan nicht der leibliche Vater der vier Töchter ist.

Ich bat Frau Jordan die Möglichkeit einer Paartherapie zu überdenken, damit das Grundproblem innerhalb dieser Familie gelöst werden kann. Dazu aber müssen sie ihre eingetretenen Pfade verlassen. Ich wies die Frauen darauf hin, dass bei diesem Prozess eine therapeutische Unterstützung durchaus sinnvoll sein kann.

Dann kamen wir wieder auf den eigentlichen Grund meines Besuchs zu sprechen, Emma. Ich erklärte Frau Jordan, dass Emma in diesem Erregungszustand nicht alleine bleiben kann und dass das Weggehen der Familie für sie erheblichen Stress bedeutet, den sie auf ihre Art und Weise abbaut. Die angestaute Energie und der Stress müssen ja raus!

Ich zeigte Frau Jordan, wie sie Emma zur Ruhe verhelfen konnte. Wir suchten für das Nervenbündel einen ruhigen Platz im Haus und führten sie dorthin. Emma war derart am Limit, dass sie sich sofort ablegte und einschlief. Endlich hatte ihr jemand gezeigt, was sie tun soll! Frau Jordan war sichtlich beeindruckt und auch überrascht, dass Emma nicht mehr aufgestanden ist und sagte: "Das hat sie ja noch nie gemacht."

Kurz darauf kam Herr Jordan wieder zu uns und wunderte sich, dass Emma nicht in der Küche war. Wir erklärten ihm, dass sie sich zurückgezogen hat und nun endlich schläft. Er war sichtlich enttäuscht und meinte: „Ja, aber darf sie jetzt nie mehr zu mir kommen?"

Nochmals erklärte ich ihm die Zusammenhänge zwischen Emmas Dauerstress und dem Zerlegen der Wohnung, auch auf die gesundheitlichen Risiken ging ich ein. Eine kranke Emma wollte Herr Jordan auf keinen Fall, aber auch keine schlafende.

So unterbreitete ich der Familie folgenden Vorschlag: Sie sollen Emma eine Woche lang weiter auslasten und dann sehen, ob sich ihr Verhalten bessert. Sollte dies nicht der Fall sein, kann es nur den Weg der Ruhe geben um ihr das zu lassen was jeder Hund braucht: 18 – 20 Stunden Ruhe pro Tag und nicht im Wochendurchschnitt!

Frau Jordan redete auf ihren Mann ein, er soll doch zur Vernunft kommen und um Emmas Willen mithelfen. Herr Jordan nickte kurz mit dem Kopf und sagte dann: "Ja, aber darf ich dann auch keine Bälle werfen?"

Wieder versuchte ich zu erklären, dass Emma mit einem Junkie zu vergleichen war, nur dass Emma auf Adrenalin war. Braucht ein Junkie einen neuen Schuss wird er unruhig und sucht nach neuem Stoff. Nichts anderes geschieht bei Emma. Sobald ihr Adrenalinspiegel sinkt, braucht sie einen neuen Schuss in Form von Spielzeug werfen oder am Fahrrad laufen. Bekommt sie diesen nicht, sucht sie sich Beschäftigung in dem sie Schuhe zerbeißt oder Wände anfrisst.

In der Zwischenzeit war auch Emma wieder zu uns gekommen und lief unruhig von einem Menschen zum anderen, holte Schuhe oder ihr Spielzeug. Dies war das Zeichen für Herrn Jordan, sofort seinen Einwand einzuwerfen. Er sagte: "Ja, was Sie sagen macht schon Sinn, aber Sie sehen ja, dass Emma nicht schlafen möchte."

In diesem Moment rutschte es aus mir heraus „Wie kann sie auch ruhen, sie hat es ja nie gelernt!"

Ein letztes Mal machte ich der Familie deutlich, wie wichtig Ruhezeiten für Hunde sind und dass man einem derart überdrehten Hund wie Emma Ruhe lernen muss. Dazu aber bedarf es einer konsequenten Umsetzung des von mir vorgeschlagenen Lösungsweges. Ich versicherte ihnen, dass Emma dieses Training sehr schnell annehmen wird und jeden Tag ein Stück mehr der ausgeglichene Golden Retriever werden wird, den sie sich immer gewünscht haben.

Frau Jordan und auch ihre Töchter kamen überein, dass sie diesen Weg nun im Interesse der Hündin gehen werden. Vor allem aber, weil sie Emmas geändertes Verhalten überzeugt hatte, nachdem ich sie auf ihren Platz geführt hatte und ich sie nur einmal auf diesen zurückführen musste. Allerdings waren sich die Frauen einig, dass es mit Herrn Jordan schwierig werden würde.

Ich schlug ihnen vor, in aller Ruhe einen Familienrat zu halten, offen und ehrlich alle Probleme zur Sprache zu bringen und auch ihr eigenes Verhalten gegenüber Herrn Jordan zu überdenken, der sich mehr und mehr aus dieser Frauenmacht zurückzieht. Nur gemeinsam kommen sie voran und können Emma aus ihrem Verhalten heraushelfen.

Als ich mich verabschiedete, hatte auch ich meine Zweifel, ob Herr "Ja, aber" den Hilferuf seiner Hündin wirklich verstand und zu einem Umdenken bereit war. Zu sehr war Emma für ihn eine Fluchtmöglichkeit und sein Weg, um auch mal Luft holen zu können.
Ich wagte zu bezweifeln, dass er bereit war seine Bedürfnisse hinter denen von Emma zurück zu stellen. Deutlicher als vor Erschöpfung umzufallen, kann ein Hund seine Überforderung nicht mehr ausdrücken.

Nach etwa vierzehn Tagen bekam ich einen erneuten Anruf von Frau Jordan und meine Zweifel wurden bestätigt. Frau Jordan berichtete mir, dass sich nichts geändert hatte. Herr Jordan weigerte sich, seine Ansprüche an Emma zu überdenken und so war Emma weiterhin der überdrehte „Goldie", deren Zerstörungswut sich bei Abwesenheit der Familie weiter gesteigert hatte. Sie fragte mich, was sie denn nur tun soll.

Ich sagte ihr, dass aus meiner Sicht das Verhalten ihres Mannes und die damit einhergehenden Verhaltensauffälligkeiten ihrer Hündin lediglich Symptome für Probleme sind, deren Ursachen ganz woanders liegen. Um diese aber lösen zu können braucht es keine Hundetrainerin, sondern Fachleute, die sich auf Probleme innerhalb von Beziehungen spezialisiert haben.

Ich bat Frau Jordan noch einmal mit ihrem Mann zu reden, allein und ohne Vorwürfe und ihn eindriglich zu bitten, auch auf Emmas Bedürfnisse Rücksicht zu nehmen und gemeinsam mit ihr diesen Weg zu gehen. Auch durch eine gemeinsame Arbeit mit dem Hund, kann eine Familie wieder ein Stück zusammenrücken.
Hunde können durchaus treue Begleiter bei sportlichen Aktivitäten sein, allerdings muss hierbei dringend darauf geachtet werden, dass die Hunde nicht überdrehen. Macht sich das erste Anzeichen wie eine dauernde Unruhe bemerkbar, sollten die Aktivitäten des Hundes reduziert werden. Nur so können sie der ausgeglichene und beste Freund werden, den man sich wünscht.

Nach einiger Zeit bekam ich einen weiteren Anruf von Frau Jordan. Sie berichtete mir, dass all ihre Versuche, Emma ihre Ruhe zu geben, von Herrn Jordan torpediert wurden und er die gemeinsamen Aktivitäten sogar noch gesteigert hatte.

Eines Tages, als Herr Jordan mit Emma eine Radtour über das Wochenende unternommen hatte, ist Emma plötzlich zusammengebrochen und für sie kam jede Hilfe zu spät. Emma ist gestorben, einfach so und mitten unterm Laufen.

Plötzlich aggressiv

Es ist Samstagabend. Nach einer arbeitsreichen Woche freue ich mich abschalten zu können und auf mein heißes Bad. Doch noch während das Wasser in die Wanne läuft, arbeitet mein Kopf bereits wieder.

Als Hundetrainerin und -therapeutin trainiere und arbeite ich scheinbar nur mit den Hunden. Die wahren Geschichten, die sich hinter jedem einzelnen Fall oft verbergen, beschäftigen mich sehr, denn hinter jedem Hilferuf eines Menschen steht häufig auch ein Schicksal, welches mich lange verfolgt.

Mir kommt der kleine Dackel Bodo in den Sinn. Seine Menschen kamen mit seiner Aggressivität nicht mehr zurecht. Sein Frauchen wurde bereits mehrfach gebissen und hatte teilweise schwere Verletzungen davongetragen. Einige Bissverletzungen mussten in einer Klinik versorgt werden.

Nachdem mich das Ehepaar kontaktiert und ihre Probleme geschildert hatten, bin ich so schnell es mir möglich war, zu ihnen gefahren. Bereits an der Tür wurde ich von einem aufgeregten und an mir hochspringenden Rüden begrüßt, der sich von seinen Menschen nicht beruhigen ließ.

Vor Beginn meiner Arbeit mit dem Hund ist es mir sehr wichtig, zuerst mehr über die Menschen, ihre Hunde und deren Geschichte zu erfahren. Was mir bei diesem Hausbesuch besonders ins Auge stach, war die Körpersprache und die Mimik des Frauchens, besonders ihr besorgter Gesichtsausdruck.

Dieser sagte mir deutlich, dass sie mit ihrer Kraft und auch Geduld am Ende war.

Bodos Menschen berichteten mir, dass sie seit vielen Jahren hundeerfahren sind und sie den Rüden vor sechs Monaten aus dem Tierschutz adoptiert hatten. Von Anfang an zeichneten sich Probleme in Form von Aggressionen und Rastlosigkeit ab, welche ihnen von ihren vorherigen Hunden gänzlich fremd waren. Das Paar ließ nichts unversucht, um Bodo aus seiner Aggression zu helfen. Sie konsultierten mehrere Hundetrainer*innen und auch Tierkommunikator*innen wurde zu Rate gezogen. Seit Bodos Einzug hatten die Beiden, ohne Tierarztkosten gerechnet, bereits über zweitausend Euro in Trainer*innen, Therapeut*innen und Hundeschulen investiert.

In ihrer Not suchten sie auch Hilfe bei dem Verein, der ihnen Bodo vermittelt hatte. Die Antwort des Vereins kam spät und war sehr ernüchternd. In einer knappen E-mail wurde ihnen lediglich mitgeteilt, dass der Hund ab der Adoption den Verein nichts mehr angeht. Sie haben sich auch hilfesuchend an viele weitere Tierschutzvereine gewandt, von den meisten jedoch bekamen sie keine Antwort. Ein Verein hatte sich auf den Hilferuf gemeldet und ihnen empfohlen sich an mich zu wenden.

Mir wurde schnell bewusst, wie hoch die Erwartungen des Ehepaares in mich waren und ich die letzte Hoffnung für Bodo war. Weder kräftemäßig noch finanziell konnte die Suche nach Hilfe für den Rüden unendlich weitergehen. Ich versprach nichts, schon gar keine Wunder, aber jede Menge Arbeit, denn für mich war spürbar, dass das Vertrauen der Menschen in ihren geliebten Bodo komplett zerstört war. Der Weg zur Veränderung würde ein sehr steiniger werden.

Dies sagte ich dem Paar auch und fragte sie, ob sie nach den Angriffen des Rüden denn überhaupt noch einmal die Kraft aufbringen können, um dem kleinen Bodo eine weitere Chance geben zu können. Ja! Das wollten sie wirklich und ihre Aussage war klar und ehrlich. Unter Tränen nannten sie es Bodos letzte Chance.
Nach diesen ehrlichen Worten begann ich umgehend mit meiner Arbeit. Ich zeigte dem Ehepaar, wie sie Struktur in ihren gemeinsamen Alltag mit Bodo bringen können und auch, wie sie Bodo unterstützen können, damit er zur Ruhe kommen und Orientierung finden kann. Nach einigen Übungen, die ich mit Bodo durchführte und die nur

wenige Minuten in Anspruch nahmen, legte sich Bodo in sein Bett und schlief dort nach einiger Zeit sogar ein. Das Ehepaar war sehr überrascht, diesen Ruhezustand hatten sie bei Bodo noch nicht erlebt.

Konnten sie vor meinem Besuch das Wohnzimmer nicht verlassen ohne dass Bodo sie verfolgte, blieb er nun in seinem Bett liegen und wir konnten sogar aus dem Raum gehen, ohne das Bodo zur Tür gerannt kam.

Als weiteres großes Problem wurde mir das Gassigehen in allen Facetten ausführlich geschildert. Bodo zog stets mit aller Kraft an der Leine. In der Nachbarschaft gab es einen Hund, den sich Bodo offensichtlich als Erzfeind ausgesucht hatte. Kam der Nachbarshund auch nur in Sichtweite, wurden in Bodo ungeahnte Kräfte geweckt und er mutierte aus dem Nichts zu einem Leinenrambo. Dieses Verhalten wollte ich mir als nächsten Schritt zeigen lassen, also ließ ich Bodo zum Spaziergang vorbereiten und beobachtete das Verhalten der Menschen. Kaum wurde die Haustür geöffnet, schoß Bodo aus der Tür und stand wie ein wilder Hengst in der Leine, ließ sich nicht beruhigen und wollte alles angreifen, was sich in seiner Nähe bewegte.

Ich hatte genug gesehen, und bat das Ehepaar wieder ins Haus zurückzukehren. Dort übernahm ich Bodo und änderte die Regeln.

Bodo musste warten und sich zuerst wieder beruhigen, erst dann habe ich die Haustür geöffnet. In diesem Moment steigerte sich Bodos Erregung erneut und wieder wartete ich, diesmal vor der geöffneten Haustür, bis Bodo sich beruhigt hatte. Als er sich vollkommen entspannt und abgelegt hatte, ging ich mit Bodo raus und bat seine Menschen, uns mit etwas Abstand zu folgen.

Der Rüde machte keine Anstalten an der Leine zu ziehen, ging ruhig neben mir und auch Radfahrer, fahrende Autos oder Fußgänger interessierten ihn nicht.

Dann hörte ich von hinten Bodos Menschen rufen, dass ich aufpassen soll, da sich Bodos Erzfeind von links nähert. Ich ignorierte diese Warnung und setzte meinen Weg mit Bodo fort, der es mir gleich tat. Er ignorierte seinen Erzfeind und ging weiter entspannt neben mir und von hinten hörte ich zwei Menschen, die fast im Einklang sagten: "das gibt es doch nicht, das hat er ja noch nie gemacht."

Ich ging zu dem Ehepaar und übergab die Leine Bodos Herrchen und verwickelte ihn ganz nebenbei in ein Gespräch. So abgelenkt bemerkte er nicht, wie sich der vermeintliche Erzfeind abermals näherte und wir konnten ohne Störung unsere Unterhaltung fortsetzen. Als ich Bodos Herrchen bat sich umzudrehen, um zu sehen wer gerade an uns vorbei gegangen war, war er sprachlos. Er hatte es geschafft,

Bodo an dem gehassten Nachbarshund vorbeizuführen und es sollte so einfach sein?

Nun wiederholte ich die Übung mit Bodos Frauchen und mit jedem Schritt machte den Beiden das Gassigehen offensichtlich mehr Freude, vor allem, weil sie nun sahen, dass es möglich war.

Ich erklärte dem Paar, dass Gassi lange vor dem Gassi beginnt, somit auch die Geduld der Menschen gefragt ist. Ein aufgeregter Hund wird sich nicht beruhigen, sobald die Haustür geöffnet wird. So übten wir, wie das Paar den Gassigang neu beginnen und mehr Ruhe hineinbringen kann. Nach einigen Wiederholungen hat Bodo begriffen, dass sich die Tür nur öffnet, wenn er ruhig bleibt und so war das alte Verhaltensmuster durchbrochen. Ich erklärte seinen Menschen, dass sie nun unbedingt dranbleiben müssen, damit sich das heute Erlernte auch verfestigen kann.

Nun ging es wieder ins Haus und dort erfuhr ich, dass Bodo auch den Staubsauger angreift, sobald dieser eingeschaltet wird. Ich bat um den Staubsauger und kaum hörte Bodo das Geräusch, ging er sofort auf diesen los und wollte hinein beissen. Ich konnte Bodo stoppen und er hielt Abstand, machte aber immer wieder Versuche, das Gerät zu attakieren. Also ging ich dazu über, Bodo ein Alternativverhalten zu lernen. Anstatt den Staubsauger anzugreifen, sollte er auf seinen Platz gehen. Einige Male versuchte Bodo noch auf den Staubsauger loszugehen, doch aufgrund meiner Konsequenz gab er nach einigen Wiederholungen auf und blieb in seinem Bett. Nun arbeitete ich mit Bodos Menschen, auch sie mussten lernen, mit diesem Verhalten von Bodo umzugehen. Zuerst stellte Bodo seine Menschen auf eine harte Probe, doch sie blieben standhaft. So schafften auch sie es, Bodo seine Grenzen aufzuzeigen und den Staubsauger in Ruhe zu lassen. Auch das war geschafft.

Gegen seine Menschen zeigte der Rüde während meiner Anwesenheit keinerlei Aggressionen. Trotzdem bat ich das Ehepaar einen Maulkorb zu verwenden, damit weitere Verletzungen ausgeschlossen werden können. Diesen hatten sie bereits besorgt und ich war etwas überrascht, wie schnell Bodo den Maulkorb angenommen hat. In mir kam die Vermutung auf, dass Bodo bereits an diesen gewöhnt war.

Eines aber machte mich während meiner Anwesenheit an Bodo stutzig; seine Augen! Ich kenne diesen Blick bei Hunden, es ist ein Blick der mehr sagt als alles Verhalten zusammen und mir war klar, dass mit diesem Hund etwas nicht stimmt.

Die Familie war bereits mit Bodo in tierärztlicher Behandlung und es wurde ihnen ein MRT empfohlen, da eine Erkrankung der Wirbelsäule vermutet wurde. Die kostspielige Untersuchung hatte das Ehepaar aber hinausgezögert, da sie immer mehr zu der Überzeugung gekommen waren, Bodo nicht mehr gerecht werden zu können.

Ich bat das Ehepaar, diese Untersuchung nach Möglichkeit doch vornehmen zu lassen, um ausschließen zu können, dass eine schmerzhafte Erkrankung des Hundes für die plötzlich auftretenden Aggressionen verantwortlich ist.

Meine Arbeit beendete ich mit einem guten Gefühl und bat um Rückmeldung, spätestens sobald die Untersuchungsergebnisse vorliegen. Bereits nach wenigen Tagen bekam ich einen ersten Bericht über die Fortschritte. Mir wurde mitgeteilt, dass Bodo im Haus viel ruhiger geworden ist und es zu keinerlei aggressiven Verhalten mehr kam, allerdings ist das Problem mit der Leine geblieben.

Aufgrund dieser positiven Entwicklung ihres Rüden hat das Ehepaar leider einen entscheidenden Fehler gemacht. Entgegen meinem Hinweis, dass es Zeit brauchen wird, bis Bodo sein altes Verhalten vollkommen abgelegt hat, haben sie Bodo zu früh vertraut und geglaubt, dass nach den wenigen Tagen ohne Vorfälle die Probleme gelöst sind und haben ihn von der "Maulkorbpflicht" befreit.

Kaum aber war der Maulkorb ab, kam es zu einem erneuten Angriff gegen das Frauchen. Der Angriff war so heftig, dass die Wunden abermals in der Klinik versorgt werden mussten und einige Narben bleiben werden.

Nun war klar, dass eine Trennung anstand, dass das neu gefundene Vertrauen mit einem einzigen Biss dauerhaft zerstört war. Ich konnte es verstehen.

Ich versprach Unterstützung bei der Suche nach einem geeigneten Zuhause für den kleinen Dackel, denn auch mir lag das Schicksal dieses Hundes am Herzen. Ich nahm Kontakt zu einem befreundeten Gnadenhof auf und schilderte Bodos Geschichte. Dort hatte man aufgrund der Aggressivität Bodos Bedenken, diesen unterzubringen. Aufgrund meiner Einschätzung und meiner Überzeugung, dass Bodo nicht von Grund auf aggressiv war, sagte der Gnadenhof zu, Bodo aufzunehmen. Vorrausetzung aber war, dass Bodo vorab kastriert werden musste.

Die Familie willigte ein und war auch bereit, die vierzehnstündige Anreise zu dem Gnadenhof auf sich zu nehmen. Trotz aller Enttäuschungen und Verletzungen wollten sie für den kleinen Kerl nur das Beste und waren immer noch bereit, alles zu geben.

Sie brachten Bodo in die Tierklinik, um ihn kastrieren zu lassen. Bei diesem Termin wurde auch gleich das anstehende MRT gemacht.

Abends erreichte mich eine Sprachnachricht, die mir bis heute im Gedächtnis geblieben ist. Mit tränenerstickter Stimme berichtete mir Petra, dass Bodo eingeschläfert werden musste. Es hatte sich herausgestellt, dass er an einem unheilbaren Gehirntumor gelitten hatte und auch sein kleiner Hundekörper verkrebst war. Auch bei mir flossen die Tränen. Mein Gefühl hatte mich nicht getäuscht und Bodos Augen hatten nicht gelogen. Er musste aufgrund des Tumors starke Schmerzen gehabt haben, die Auslöser für seine plötzlich auftretenden Aggressionen waren. Bodo war nicht von Grund auf böse, er war schwer krank!

Durch Bodo habe ich Menschen kennengelernt, die ich bis heute nicht vergessen habe. Es waren Menschen, die mir einige Zeit später für meine Hilfe und Unterstützung gedankt haben. Besonders berührt hat mich ihre Aussage, dass ich die Einzige auf ihrer langen Odyssee durch den Tierschutz war, die ihnen wirklich geholfen hat.

Diese Menschen haben ihren Hund sehr geliebt und sind auch über ihre Grenzen gegangen, um diesem kleinen Kerl eine Zukunft geben zu können. Trotz aller Absagen von vielen Tierschutzvereinen, trotz der Investition von viel Geld und Zeit in verschiedene Hundetrainer*innen und Tierkommunikator*innen glaubten sie an mich und ihren Hund und wollten immer nur das Beste für Bodo. Sie haben alles getan was sie tun konnten und mussten ihn am Ende doch über die Regenbogenbrücke gehen lassen.

Den einzigen Trost, den ich diesen wunderbaren Menschen mit auf dem Weg geben konnte, war, dass Bodo mit ihnen dennoch sein großes Los gezogen hatte. Ihnen hatte er es zu verdanken, dass ihm ein langer und schmerzhafter Leidensweg erspart geblieben ist.

Dieses, auch für mich, sehr emotionale Schicksal von Mensch und Hund hat mir wieder verdeutlicht, wie wichtig die Arbeit mit den Menschen hinter den Hunden ist. Häufig sind die Menschen mit dem Verhalten ihrer Hunde überfordert und wissen keinen Rat mehr. Hundetraining ist so viel mehr, als nur Hunde zu trainieren. Hundetrainerin oder Hundetrainer zu sein bedeutet in erster Linie, die Menschen lesen zu können und sie an die Hand zu nehmen, um ihnen aus ihrer manchmal verfahrenen Situation heraushelfen zu können.

Der Ursprung vieler Probleme

Nicht nur bei Bodo war das Gassigehen ein großes Problem, ich erlebe es bei nicht wenigen meiner Kunden und Eines haben viele gemeinsam: sie wollen ihre Welpen bereits von Anfang an mit anderen
Hunden sozialisieren, oder haben ihren älteren Hunden auf so genannten Hundespielwiesen ein ausgiebiges Spiel mit Artgenossen ge-
gönnt. Immer mit dem Gedanken im Hinterkopf, dass Hunde (So-
zial)kontakt zu allen anderen Hunden brauchen und auch wollen. Die
Wirklichkeit aber ist eine andere, die Erwartungen der Menschen an
ihre Hunde sind oftmals viel zu hoch.

Eine Grunderwartung an die Hunde ist meist, dass sie lieb sein sollen.
Z.B. zu allen Kindern und natürlich auch zu ihren Artgenossen.
Schnell aber wird der liebende Mensch eines Besseren belehrt.
Kommt auch nur ein anderer Hund in Sichtweite geht das Drama
los. Der eigene Hund knurrt und bellt wie verrückt oder steht auf den
Hinterläufen.
Diese kampfwütige Bestie treibt vielen Menschen zuerst die Schweiß-
perlen auf die Stirn, gefolgt von der Zornesröte um anschließend re-
signiert und erschöpft den Heimweg anzutreten.

Zuhause wird der Hund beschimpft und keines Blickes mehr gewürdigt. Dieses tägliche Drama ist vielen Betroffenen nur noch peinlich und Gassi der pure Stress (auch für die Hunde).

In unseren Köpfen ist fest verankert, dass Hunde täglichen Kontakt zu ihren Hundekumpels brauchen und wollen. All die unschönen Erlebnisse aber sollten uns begreiflich machen, dass dem keineswegs so ist.

Wie begrüßen sich Hunde untereinander?

Die Kontaktaufnahme erfolgt meist aus der Distanz über Nase, Augen und Ohren. Hat man sich auf diese Art und Weise kennengelernt, wird sich häufig respektvoll aus dem Weg gegangen.

Viele meiner Klienten berichten mir, dass Hundebegegnungen meist friedlich verlaufen, sobald die Hunde abgeleint sind. Das verwundert nicht, können die Hunde ohne Leine ganz natürlich auf ihre Art und Weise kommunizieren und sich kennenlernen.

Durch die Leine aber schränken wir unsere Hunde in ihrer natürlichen Kommunikation stark ein. Wir zwingen sie in direkten Kontakt zu anderen Hunden, ohne darauf zu achten, was der andere Hund signalisiert und nehmen den Hilferuf unseres Hundes nicht wahr. Das, was wir Leinenaggression nennen, nimmt seinen Lauf.

Wir verlangen von unseren Hunden schlichtweg zu viel, ignorieren ihre natürlichen Verhaltensweisen und überfordern sie durch unser menschliches Verständnis von Hunden.

Damit Hunde bereits von klein auf gut auf andere Hunde sozialisiert werden, wird immer noch empfohlen, Welpenspielgruppen aufzusuchen.

Doch was geschieht dort? Die noch unerfahrenen Hunde werden von der Leine gelassen und sollen sich in einem Haufen anderer, unerfahrener Hunde, selbst sozialisieren. Die Menschen stehen meist abseits und erfreuen sich an dem munteren "Spiel" der Hunde.

Hunde lernen spielerisch, keine Frage. Sieht man aber diesem Treiben auf dem Platz ohne menschliche Emotionen zu, sieht man auch etwas anderes als kindliches Spielen. Es werden Fertigkeiten wie Jagen, Treiben oder Hüten gelernt. Später nennen es viele Menschen ein unerwünschtes Verhalten, und begeben sich in Hundeschulen, um ihren Hunden dieses Verhalten wieder abzutrainieren.

Welpenspielgruppen machen nur Sinn, wenn sie in kleinen Gruppen unter Aufsicht von erfahrenen Menschen stattfinden, die erkennen, wann sie eingreifen müssen. Hier können wir von der Hundemutter lernen, die einschreitet, wenn das spielerische Lernen ihres Nachwuchses zu heftig wird.

Auch wir achten sehr auf die Unversehrtheit unserer Liebsten. Niemals würden wir es zulassen, dass sie von anderen bedrängt, verängstigt oder gar verletzt werden. Bei unseren Hunden aber nennen wir genau das Spiel und Spaß und lehnen uns genußvoll mit den Worten zurück: „die machen das schon unter sich aus". Was auch sonst bleibt den jungen Hunden übrig?

Hunde sind sehr soziale Wesen und durch die Domestikation suchen Hunde in erster Linie den Sozialkontakt zu den Menschen. Daher ist in diesem jungen Alter zunächst der Aufbau einer guten Beziehung zum Menschen wichtiger als das wilde Herumtollen mit anderen unerfahrenen Hunden. Ein Welpe kann von einem Welpen genauso viel lernen wie ein Baby von einem anderen Baby. Sinnvoller ist der beaufsichtigte Kontakt zu einem erfahrenen älteren Hund.
Und jetzt mal Hand aufs Herz, wie pflegen wir Sozialkontakte? Wir fallen auch keinem fremden Menschen um den Hals und würden uns diese Art der Begrüßung von einem Wildfremden verbitten. Wir beobachten Fremde aus der Ferne und versuchen diese einzuschätzen. Danach wägen wir ab, ob wir Kontakt wollen oder nicht. Wenn nicht, wechseln wir die Straßenseite oder setzen uns woanders hin, um den Kontakt zu vermeiden.

Nichts anderes machen unsere Hunde, sie wägen ab und meistens wollen sie keinen Kontakt. Wir aber zwingen unsere Hunde in Situationen, die sie niemals selbst herbeiführen würden. Wir ignorieren, was sie uns frühzeitig mitteilen und wundern uns, wenn es knallt. Nicht alle Hunde wollen und brauchen ständigen Kontakt zu Artgenossen. Wir sind es, die dies in unsere Hunde hineininterpretieren und uns über die Folgen ärgern.

Wenn wir genau hinsehen erkennen wir, wie diese zwanghaft herbeigeführten Sozialkontakte ablaufen. Angenommen, uns würde ein fremder Mensch über das Gesicht schlecken, wir würden uns dagegen wehren. Nichts anderes machen diese bedrängten Hunde. Nur dass wir diesen Hunden eine Leinenaggression, mangelnde Sozialisierung oder eine fehlgeschlagene Erziehung attestieren.

Auch Hundewiesen sind nicht zwingend ein geeigneter Ort, um seinen Hunden Kontakt zu Artgenossen zu gönnen. Auf diesen Wiesen trifft sich eine unbestimmte Anzahl von Hunden, die sich kaum oder gar nicht kennen, und sie müssen sich auf einem eingezäunten Gelände bewegen. Für die Menschen sieht das wilde Treiben meist harmlos aus, für die Hunde, die sich dabei unsicher oder bedroht fühlen, ist die Sache aber eine ganz andere. Nicht selten werden auf diesen Wiesen Angst oder Flucht- und Verteidigungsstrategien erlernt. Wenn Flucht oder Vermeidung nicht fruchtet, bleibt diesen Hunden im schlimmsten Fall nur der Angriff, erlernt auf dem Hundespielplatz!

Aus meiner täglichen Arbeit kann ich dies nur bestätigen. Viele meiner Kundinnen und Kunden haben den Grundstein für die Probleme mit ihren Hunden selbst gelegt, in Welpenspielgruppen oder Hundespielgruppen.

Gassi – eines der häufigsten Probleme

An einem terminfreien Tag, den ich mir für die anfallenden Büroarbeiten freigehalten hatte, bekam ich einen Anruf von einem Paar, das mich um Unterstützung bei den Problemen mit ihren zwei Mischlingshündinnen bat.

Wir vereinbarten einen Hausbesuch und so fuhr ich einige Tage später zu dem Paar, um mir selbst ein Bild machen zu können. Bereits bei meinem Eintreffen fiel mir das Grundproblem auf, zwei unsichere Hunde, die von ihren Menschen viel Liebe aber keine Orientierung bekamen und sich selbst überlassen wurden.

Von der älteren Hündin, Serena, wurde ich am Betreten des Hauses gehindert. Allerdings fiel mir auf, dass sie den Schwanz eingezogen hatte und vor mir zurückgewichen ist, sobald ich mich ihr näherte. Die zweite Hündin, Merle, lief unruhig hin und her und bellte unaufhörlich.

Bei unserem Gespräch berichtete mir das Paar, dass sie bereits viele Stunden in einer Hundeschule verbracht haben und eigentlich sehr zufrieden sind. Sie haben dort tolle neue Leute kennengelernt und gehen immer noch regelmäßig hin. Zu Beginn der Trainingsstunde werden die Hunde von der Leine gelassen, um sich auszutoben und die anderen Hunde kennenlernen zu können. Anschließend werden noch ca. vierzig Minuten Grundkommandos und Leinenführigkeit geübt. Das Paar berichtete mir weiter, dass die beiden Hunde in der Hundeschule gut funktionieren würden, aber zuhause bekommen sie es einfach nicht hin.

Das größte Problem aber ist, dass Serena keine Besucher mehr ins Haus lässt und daher auch die Familie und Freunde nicht mehr zu Besuch kommen können.

Mit diesen Informationen machte ich mich an die Arbeit. Ich erklärte dem Paar wie wichtig es ist, dass sie die Führung der Hunde übernehmen und klare Regeln aufstellen, damit ihre Hunde wissen, wie sie sich bei Besuch zu verhalten haben.

Während des Gesprächs ist mir die große Unruhe und auch Ungeduld der beiden Menschen aufgefallen und so wusste ich, dass es ohne Arbeit mit den Menschen keine Verhaltensänderung bei den Hunden geben wird.

Um Ruhe in die Familie und vor allem in die Hunde zu bekommen, arbeitete ich mit der Leine aber ohne Worte. Mit der Leine führte ich beide Hunde auf ihre Plätze und wartete, bis sie sich hingelegt und ihre Aufregung abgelegt hatten. Das Paar war sichtlich erfreut, dass sich ihre Hunde so schnell beruhigt hatten. Nun war es an den Menschen, ihre Hunde ruhig, aber deutlich zu bitten, auf ihren Plätzen zu bleiben. Nach einigen Übungen mit den Menschen, stellte sich eine deutliche Entspannung aller Anwesenden ein.

Jetzt konnten die Probleme angegangen warden. Ich begann mit dem Thema Besuch. Dafür baten wir die Nachbarn zu klingeln. Wie immer schossen sofort beide Hunde von ihren Plätzen hoch und liefen bellend zur Haustür. Das Paar sollte einmal tief durchzuatmen, zur Haustür gehen und die Hunde wieder auf ihren Platz führen. Na ja, die erste Übung ging gründlich daneben, denn die Menschen waren viel zu aufgeregt zu den Hunden gestürmt. Also hieß es wiederholen und wiederholen, bis das Paar tiefenentspannt zur Tür gegangen ist, die Hunde auf ihre Plätze geführt haben, und so die Haustür öffnen konnten. Auch wenn die Hunde noch mißtrauisch die Situation und die Besucher beobachteten, blieben sie dennoch auf ihren Plätzen liegen.

Mit jedem Klingeln und jeden weiteren Besucher allerdings entspannten sich die Hunde immer mehr und schließlich hoben sie nur noch leicht den Kopf, um gleich wieder weiterzuschlafen.

Die erste Hürde war geschafft und ich gab dem Paar die Hausaufgabe, nun dran zu bleiben und weiter zu üben, bis sich dieses neue Verhalten bei den Hunden verfestigt hat.

Nun ging es ans Gassi und ich bat, es wie immer vorzubereiten. Als erstes ertönte „Serena, Merle Gassssiiiii". Beide Hunde sprangen sofort von ihren Plätzen auf und schon war das Chaos perfekt, aber ich beobachtete weiter. Kaum waren die Leinen angelegt und die Haustür geöffnet, stürzten beide Hunde los und zerrten ihre Menschen hinterher. Für mich ein bekanntes Muster.

Also bat ich das Paar umzukehren, wieder ins Haus zu gehen und sich erstmal zu beruhigen. Aufgeregte Menschen haben aufgeregte Hunde!

Im Haus nahm ich die Leinen der Hunde und wartete, bis sich Serena und Merle beruhigt hatten. Anschließend öffnete ich die Tür und wartete abermals, bis Ruhe einkehrte. So stand ich kurze Zeit später mit den beiden Hündinnen und zwei ungeduldig wartenden Menschen vor der geöffneten Haustür und keiner der beiden Hunde machte Anstalten, loszustürmen.

Mit dieser Entspannung im Gepäck konnte ich nun losgehen und die Hunde folgten mir an der lockeren Leine. Dicht hinter uns zwei Menschen, die mich fragten, ob dies alles sei. Dann meinten sie, ich werde schon sehen was gleich los sein wird und wie die Hündinnen abgehen werden.

Von diesen Worten ließ ich mich nicht aus meinem Konzept bringen und ging mit den beiden Hündinnen an der Leine die Kampfzone auf und ab. Manchmal wollte sich Merle ein wenig aufregen, doch ich reagierte rechtzeitig und mit jedem Schritt wurden die Hunde ruhiger. Als die Hündinnen keinerlei Zeichen von Aufregung mehr zeigten, war es an der Zeit, dass die beiden Menschen auch das Gassi gehen lernen. Kaum hatte ich die Leinen übergeben, fielen die Hündinnen sofort wieder in ihr altes Verhalten. Sie zogen an der Leine und bellten alles an, was sich bewegte.

Ich sah aber auch warum. Herrchen und Frauchen griffen nach der Leine und selbst ich konnte deren Verkrampfung spüren. Mir wurde bewusst, dass die eigentliche Herausforderung dieses ungeduldige Paar war. So übten wir immer und immer wieder, bis die Beiden zu der Erkenntnis gelangten, dass sie das Problem waren. Jetzt war der Knoten geplatzt und wir machten Fortschritte, wenn auch zunächst kleine, aber immerhin.

Da ich mit dem Paar nicht wirklich weiterkam, entschloss ich mich, die Beiden zu trennen und einzeln zu üben. Diese Entscheidung erwies sich als goldrichtig. Während des getrennten Trainings berichteten mir Beide, unabhängig von einander, dass jeweils der andere zu ungeduldig ist, und man sich gegenseitig mit zu hohen Erwartungen an die Hunde hochgeschaukelt hatte. Um selbst nicht als Loser dazustehen, hat man immer neue Methoden versucht und immer neue Tipps und Tricks ausprobiert, die mal mehr mal weniger funktioniert haben.

Durch unsere Gespräche haben die Menschen ihren krampfhaften Blick auf die Hunde und auch ihren Erfolgsdruck abgelegt und nach und nach kam Ruhe in das Hund-Mensch-Gespann.

Für die beiden Menschen war dies ein Schlüsselmoment, zu sehen wie sehr die Hunde auf ihre Stimmungen reagieren und sie deshalb ihr Verhalten dementsprechend ändern müssen. Nun war ihnen bewusst, dass nicht die Hunde ein Problem haben, sondern sie. Jetzt war der Weg frei, um die Beziehungen, sowohl zu den Hunden als auch zu dem Partner neu zu überdenken und das Ein oder Andere zu ändern. Wie weit diese Änderungen gehen werden, sollte ich einige Zeit später erfahren.

Es war aber noch ein weiteres Problem zu lösen. War Serena im Garten, konnten sich die Nachbarn dem Grundstück nicht nähern und auch die eigene Familie wurde am Betreten des Grundstücks gehindert. Also gut, um zu sehen warum Serena so reagierte, musste ich ihr Verhalten sehen. So öffnete ich die Tür zum Garten und ging mit Serena hinaus. Das Paar aber sollte drinnen warten und uns zusehen. Ich stellte mich lediglich in die Mitte des Gartens, mehr tat ich nicht. Nun bat ich den Nachbarn, sich dem Grundstück wie immer zu nähern.

Der Nachbar kam zu uns rüber an den Zaun und fing sogar an, laut zu rufen und zu schimpfen. Und die Reaktion von Serena? Keine! Sie lag entspannt unter einem Baum und genoss den Anblick des wütenden Menschen im benachbarten Grundstück.

Die Menschen waren sprachlos und fragten mich, was ich gemacht habe. Ich konnte nur antworten nichts, ich war nur präsent.

Von diesem Erfolg überzeugt, versprachen mir die Beiden, das Erlernte konsequent umzusetzen und weiter zu üben.

Nach zwei Wochen bekam ich einen Anruf von dem Frauchen. Sie berichtete mir unter Tränen, dass sie sehr erleichtert ist, dass ihre Familie nun wieder zu Besuch kommen kann und sich die Probleme im Haus und im Garten weitestgehend gelegt hatten. Allerdings teilte sie mir mit, dass das Gassigehen immer noch nicht klappt und ich doch nochmal helfen soll.

Als ich angekommen war bemerkte ich sofort, dass beide Hunde bei meinem Eintreten auf ihren Plätzen geblieben sind und mich nur kurz gemustert haben.

Und trotzdem spürte ich, dass etwas anders war und ich fragte direkt nach. Ich erfuhr, dass dem Paar nach meinem Besuch klar geworden ist, dass ihre Beziehung bereits zu diesem Zeitpunkt am Ende war und sie entschlossen, sich zu trennen. Mich beschlich ein kurzes Unwohlsein, sollte ich für die Trennung verantwortlich sein? Christina bemerkte meine Zweifel und schnell beruhigte sie mich. Sie sagte, dass sie sehr froh ist, dass sie sich des eigentlichen Problems bewusst geworden ist und den Schritt gewagt hat, den sie bereits vor längerer Zeit hätte tun sollen.

Nachdem dies ausgesprochen war, konnten wir uns auf das Gassi gehen konzentrieren. Noch immer war Christina zum Start viel zu unruhig und so übten wir nochmal das entspannte Rausgehen.

Als uns Hunde entgegenkamen, reagierte Serena aufgrund ihrer Unsicherheit kurz, in dem sie den Kopf hob und die Ohren aufstellte, Merle aber stieg sofort drauf ein und machte einen Terz an der Leine. Nach dieser Beobachtung konzentrierte ich mich auf Merle und ich fand heraus, wann sie bei Hundebegegnungen zu reagieren begann. Jetzt konnte ich Christina das Verhalten ihrer Hunde erklären und ihr zeigen, wie sie rechtzeitig handelt, um eine Eskalation zu verhindern.

Wenn man darauf achtet, was die Hunde signalisieren, kann frühzeitig Vorsorge getroffen werden. Manchmal reicht es aus, einen kleinen Bogen um den entgegenkommenden Hund zu machen, manchmal muss man aber zu Beginn des Trainings den Hund aus der Situation nehmen und die Richtung wechseln, je nachdem was der Hund uns mitteilt.

Am Ende unserer Arbeit folgte nochmal ein Gespräch mit Christina und ich verdeutlichte ihr, wie wichtig die weitere konsequente Umsetzung unseres Trainings ist.

Nach einem kurzen Nachdenken sagte Christina zu mir, dass ihre Hunde erst seit dem Beginn des Besuchs der Hundeschule solche Probleme an der Leine hätten, sie dies aber nie in Zusammenhang mit dem, wie sie meinte, fröhlichen Spiel der Hunde gebracht hatte.

Nach unserer ersten Unterhaltung hat sie die Spielstunde mit anderen Augen betrachtet und sich entschlossen, den Besuch der Hundeschule einzustellen. Seit diesem Zeitpunkt merkte sie eine deutliche Entspannung der Hunde, und auch sie selbst hat mehr Ruhe in ihren Alltag gebracht, was sich merklich auf ihre Hunde übertragen hat.

Nach etwa zwei Wochen bekam ich einen weiteren Anruf von Christina. Sie berichtete mir, dass es nun auch an der Leine kaum noch Probleme gibt und sie die besten Hunde der Welt hat.

Der Leinen-Rambo

So wie den Menschen von Serena und Merle treibt es vielen Menschen dreimal am Tag den Angstschweiß auf die Stirn, weil der Hund raus muss.

Äußerlich versucht man ruhig zu bleiben, doch tief im Innern kommt der Blutdruck in gefährliche Höhen und im Kopf hämmert nur ein Gedanke: hoffentlich ist Erzfeind Atlas der Rottweiler oder Bruno der Mops nicht ebenfalls zu dieser Zeit unterwegs.

Rambo spürt instinktiv, dass mit seinem Menschen etwas nicht stimmt, er ist nervös und Rambo beobachtet ihn genau bis der magische Ruf ertönt – Gaaaasssiiiii!. Für Rambo ist dies das Signal um hochzuschießen, aufgeregt an seinem Menschen hochzuspringen und diesen voller Freude „liebevoll" in die Hände zu zwicken.

Hektisch zieht der Mensch Schuhe und Jacke an und hängt sich den Beutel mit den Leckerlies um. Trotz aller Aufregung gelingt es irgendwie, Rambo die Leine umzulegen und dann heisst es, noch einmal tief durchatmen bevor das Kampfgebiet betreten wird.

Kaum ist die Haustür geöffnet, schießt Leinen-Rambo raus. Alles Zureden des Menschen hilft nicht, Rambo zieht seinen Menschen gnadenlos mit.

Während der Mensch noch ängstlich die Gegend überblickt und nach den Erzfeinden Ausschau hält, hat Rambo die Lage bereits gecheckt. Er ist zu allem bereit, denn er spürt, dass sein Mensch unsicher und ängstlich ist. Folglich muss Rambo den Schutz seines Rudels übernehmen. Einer muss es ja tun, denn der Mensch ist ein Totalausfall.

So wird zuerst geklärt, wer es gewagt hat in Rambos Revier einzudringen. Der Mensch wird von einem Fleck zum anderen gezogen, Rambo muss seine Duftmarken neu setzen und klar machen, wer hier das Sagen hat.

Der Mensch steht teilnahmslos daneben und freut sich, dass Rambo so viel Freude hat.

Und dann kommt er, Atlas in seiner ganzen Pracht! Der Mensch hat ihn erblickt und in seinem Kopf hämmert es: „Oh mein Gott, hoffentlich flippt Rambo nicht wieder aus!"

Der Mensch nimmt Rambos Leine kurz und holt schnell sein Lieblingsspielzeug aus der Jackentasche, um Rambo abzulenken. Rambo reagiert sofort und nimmt die ihm angebotene Beute, um sich gleich wieder auf Atlas zu konzentrieren, der inzwischen in Rambos Revier eingedrungen ist.

Nun hängt Rambo zähnefletschend in der Leine, steht auf den Hinterbeinen und zieht und zerrt seinen Menschen gefährlich in Richtung Atlas. Er scheint kaum noch zu bändigen zu sein.

Auch Atlas reagiert, zwingt sein Herrchen in Richtung Rambo. Die Menschen versuchen nun beruhigend auf die Hunde einzureden und man hört unentwegt „ist ja guuut, beruhige dich". Doch die Hunde drehen immer weiter auf, es wird gebellt, geknurrt, die Zähne gefletscht und sich mit aller Kraft in die Leine gehängt. Die Menschen können nur noch versuchen, die Kraftpakte irgendwie zu halten, Einfluss auf ihre Hunde haben sie keinen mehr.

Der Mann kann seinen Rottweiler Atlas mit Mühe halten, doch Rambos Frauchen hat Probleme, er zieht sie immer weiter in Richtung Atlas.

Wie so oft konnte auch diese Situation irgendwie gemeistert werden und Rambos Frauchen kann durchatmen, es ist wieder einmal geschafft. Doch abschalten kann sie nicht, was ist, wenn noch ein Hund entgegenkommt? Sie gehen weiter und Frauchen scannt wiederum besorgt die Gegend, immer wachsam, immer in Alarmbereitschaft.

Das Mensch-Hund-Gespann setzt seinen Weg fort und Rambo rennt voraus. Er übernimmt den Schutz seines Frauchens und seinen eigenen, er muss weiterhin sein Revier kontrollieren, neu abstecken und wenn es sein muss, wird er es auch verteidigen. Rambo hat einen Vollzeitjob, der durch die Leine und den Menschen hinten dran stark erschwert wird.

Je mehr Rambo ackert, um seinen Job gut zu machen, umso ärgerlicher und unsicherer wird der Mensch. Er ruft, schreit und zieht Rambo an der Leine mit aller Kraft zurück, immer und immer wieder. Mensch und Hund sind in einem Kampf gefangen.

Während Mensch und Hund mit sich beschäftigt sind kommt Rosa, eine deutsche Schäferhündin, um die Ecke. Rambos Frauchen erschrickt und für Rambo ist dies das Signal, dass irgendetwas nicht stimmt. Er legt sich nochmal ordentlich ins Zeug und mobilisiert all seine Kraft. Rambo zieht sein Frauchen über die Straße in Richtung Rosa, die Rambo bereits mit gesenktem Kopf erwartet und aus dem vermeintlichen Nichts nach vorne schießt, mitsamt ihrem Herrchen. Zwei Menschen können nur noch die Leinen loslassen und hilflos mit ansehen wie es heißt: Ring frei für Rosa und Rambo.

In meinem Arbeitsalltag erlebe ich immer wieder Geschichten wie die von Rambo. Die zuhause liebsten Hunde mutieren zu einer Kampfmaschine, sobald auch nur ein anderer Hund in Sichtweite kommt. Sie bauen sich auf, fixieren und schießen mit aller Kraft nach vorne. Es scheint als hassen sie alle anderen Hunde, egal wie klein oder groß und egal welches Geschlecht.

Viele Menschen versuchen nun, solchen Situationen aus dem Weg zu gehen. Sie suchen sich Gassizeiten aus, bei denen sie ziemlich sicher sein können, dass keine anderen Hunde unterwegs sind. Die Freude an den Spaziergängen und häufig auch an dem einstigen besten Freund hat sich in Enttäuschung und manchmal auch in Wut gewandelt, aus der es kaum ein Entrinnen gibt.

Gefangen in dieser negativen Gefühlswelt, sind sich viele Betroffene nicht bewusst, dass sie selbst dieses unerwünschte Verhalten ihrer Hunde auslösen, durch ihre eigene Unsicherheit, Ängstlichkeit und auch ihre Frustration.

Gassi fängt lange vor dem Gassi an und bei aufgeregten Hunden ist die Geduld des Menschen gefordert. Ein Hund, der vor dem Gassi bellend an der Tür steht wird sich nicht beruhigen, sobald sich die Tür zur Freiheit öffnet.

Mein weiter Weg

Mein Lebensweg war geprägt von vielen Umwegen, manchen Irrwegen und so manch eingeschlagene Abkürzung endete in einer Katastrophe.

Bereits mein Start ins Leben begann mit einem Umweg und hatte wenig mit den Idealvorstellungen einer glücklichen Kindheit gemeinsam. Gleich nach meiner Geburt wurde ich in ein Kinderheim gebracht. Ich verbrachte dort meine ersten Lebensjahre, eine heile Welt schien außerhalb jeglicher Reichweite.

Auch wenn ich kaum Erinnerungen an diese Zeit habe, haben mich diese Jahre bis heute geprägt.

Bereits hier möchte ich eine Parallele zu dem Schicksal vieler Hunde ziehen, die bereits ihr Welpenalter in einem Tierheim verbringen müssen, weil sie ungewollt in diese Welt kamen und die verantwortlichen Menschen mit dem hündischen Nachwuchs überfordert waren. Vielleicht findet sich hier die Erklärung, warum mir das Schicksal der vielen Tierheimhunde so sehr am Herzen liegt.

Wie für viele Hunde wendete sich auch für mich nach einigen Jahren das Lebensblatt. Ein kinderloses Ehepaar mittleren Alters wurde auf mich aufmerksam und nach einem langen bürokratischen Aufwand konnten sie mich adoptieren.

Dies war mein Startschuss in eine normale Kindheit. Im Alter von drei Jahren konnte ich zu meinen neuen Eltern ziehen und das Kinderheim hinter mir lassen.

Wer hätte zu dieser Zeit ahnen können, dass mit der Adoption der Grundstein für meinen heutigen Beruf gelegt wurde? Wahrscheinlich niemand!

Meine Kindheit und Jugend durfte ich auf dem Land verbringen. Wir lebten in einem kleinen Dorf, welches zu einem Großteil aus Bauernhöfen bestand. Meine Eltern führten dort eine kleine Gaststätte, die zum Treffpunkt der Dorfbewohner wurde. Die Menschen versorgten sich zu dieser Zeit überwiegend selbst und führten, im Vergleich zu heute, ein bescheidenes Leben. Es gab weder Discounter, Internet noch Spielkonsolen für uns Kinder.

Die Milch bekamen wir von dem Bauern nebenan, frisches Brot gab es beim Dorfbäcker und für Fleisch und Wurst sorgte der Metzger einmal in der Woche, wenn Schlachttag war.

Wie damals üblich war meine Erziehung sehr streng und autoritär. Es gab klare Regeln und Grenzen und deren Überschreitung oder Nichtbeachtung zog harte Strafen nach sich. Mehr als einmal bekam ich eine ordentliche Tracht Prügel.

Geprägt durch meine ersten Jahre in dem Kinderheim war ich ein sehr rebellisches Kind und forderte meine Eltern ständig heraus. Ich wollte alles verstehen und sah ich keinen Sinn in einem Verbot habe ich es nicht befolgt, obwohl ich mir der Konsequenzen bewusst war. Nichts und niemand sollte mich brechen und so habe ich weiter rebelliert und die Welt auf meine Art und Weise erkundet.

Wegen der strengen Erziehung und dem Unverständnis meiner Eltern habe ich bereits in diesen frühen Jahren die Nähe zu den Tieren gesucht und in ihnen meine besten Freunde gefunden. Schon damals hat mich die Echtheit, Ehrlichkeit und auch die Ruhe in der Tierwelt fasziniert.

Besonders beeindruckt aber haben mich die so genannten Hofhunde. Sie waren einfach da und ihre Ruhe und Präsenz zog mich in ihren Bann.
Es waren Hunde, die niemals eine Hundeschule von innen gesehen hatten, geschweige denn trainiert oder ausgelastet werden mussten, um nicht verhaltensauffällig zu werden.
Diese Hunde wurden von den arbeitsamen Menschen kaum beachtet. Trotzdem waren sie zuverlässige Wächter oder Hüter, und ihren Menschen treu ergeben. Wollte ein Fremder den Hof betreten, reagierten diese Hunde und sprachen eine deutliche Warnung aus. Zu

dieser Zeit wurde diese hündische Kommunikation von den Menschen noch verstanden und sie wussten, wie sie sich zu verhalten hatten. Ich kann mich an keinen einzigen Beißvorfall erinnern, im Gegenteil. Schlug der Hund an, kam der Bauer hinzu und es genügte ein Pfiff und der Hund hat sich wieder auf seinen Platz zurückgezogen.

Viel Zeit verbrachte ich auf dem Bauernhof gegenüber von uns. Ich half beim Ausmisten im Stall und versorgte die Hühner oder Schweine. Ein Höhepunkt für mich war, wenn ich mit dem Traktor mit aufs Feld fahren durfte.

Mein bester Freund aber wurde Rex, ein deutscher Schäferhund in seiner ganzen Pracht und, wie damals noch üblich, ohne tiefergelegte Hinterläufe.

Rex war sechs Jahre alt und der Hund des Bauern gegenüber von uns. Wann immer es ging, schlich ich mich von zuhause fort, um zu Rex zu gehen. Der Bauer hatte nichts dagegen und gerne ging ich mit Rex spazieren. Wir liefen über Wiesen und Felder, erkundeten gemeinsam dunkle Höhlen im finsteren Wald. Rex war immer an meiner Seite und gab mir ein Gefühl unendlicher Sicherheit und Geborgenheit.

Eine Leine brauchte ich nicht, Rex folgte mir, ohne dass es eines Kommandos bedurfte. Manchmal machten wir gemeinsam Rast und ich konnte diesem wunderbaren Begleiter all meinen Kummer anvertrauen. Rex hörte geduldig zu und ab und zu legte er seine Pfote auf meine Schulter und ich hatte das Gefühl, als wolle er mich trösten. In diesen Momenten war ich das glücklichste Kind auf der Welt und ich wünschte mir, ich könnte die Zeit anhalten.

Die Enge des Dorfes bedingte aber auch, dass jeder von jedem alles wusste und die anderen Kinder ließen mich deutlich spüren, dass mit mir etwas anders war. Es war aber etwas, das ich nicht greifen konnte und meine Eltern beantworteten meine drängenden Fragen nicht. So zog ich mich immer weiter in die Welt der Tiere zurück und orientierte mich immer mehr an Rex, der über alle Dinge erhaben schien. Ihn konnte nichts aus der Ruhe bringen, schon gar nicht ein nach Antworten suchendes Kind. Rex war mein Anker, mein Gefährte und mein bester Lehrmeister zu dieser Zeit. Rex zeigte mir, was wirklich wichtig war.

Ein weiterer Wendepunkt in meinem Leben war die Einschulung. Damals war es noch üblich, dass wir Kinder am ersten Schultag von den Lehrern befragt wurden. Darunter war auch die Frage, wer bei seinen richtigen Eltern lebt. Natürlich hob ich den Finger, wusste ich doch nichts von meiner Vergangenheit und meiner Geschichte. Und so erlebte ich bereits bei meinem ersten Schultag meinen, wie man es heute nennen würde, ersten Shitstorm. Alle Kinder der Klasse zeigten auf mich und bezichtigten mich der Lüge. Außer mir vor Wut rannte ich aus der Klasse nach Hause und berichtete meinen Eltern von diesem Vorfall. Doch wieder bekam ich keine Erklärung, stattdessen nur Ausflüchte. So suchte ich den Rat meines besten Freundes Rex, nie wieder wollte ich an diesen schrecklichen Ort namens Schule.

Erst viele Jahre später habe ich erfahren, dass mein Vater bereits vor dem ersten Schultag bei der Klassenlehrerin vorgesprochen hatte um ihr unsere, zu dieser Zeit noch besonderen Familienverhältnisse, zu erklären.

Zu dieser Zeit bereits begann ich die Menschen zu hinterfragen. Wie konnten sie so hinterlistig, so falsch und so gemein zu anderen sein und diese auslachen, einfach so? Ich konnte es nicht verstehen und flüchtete mich in meine Welt. Eine Welt die Falschheit nicht kannte. Eine Welt, die aufrichtig und echt war und in der ich angenommen wurde, so wie ich war. Es war die Welt der Hunde.

Es war eine Zeit, in der es keine Hundeschulen gab und sich niemand online über irgendwelche Verhaltensweisen informieren konnte. Die Hunde waren wie sie waren und niemand kam auf die Idee, ihnen irgendwelches Problemverhalten anzudichten oder sie für ihre hündischen Verhaltensweisen maßzuregeln. Für mich waren sie perfekt.

Ich hegte lange den Wunsch, einen eigenen Hund haben zu dürfen, scheiterte aber lange an dem Widerstand meiner Eltern. Doch ich ließ mich nicht beirren und verfolgte hartnäckig mein Ziel und brachte eines Tags den Welpen Blacky mit nach Hause. Blacky war ein Mischlingsrüde und seinem schwarzen Fell entsprechend gab ich ihm seinen Namen.

Meine Eltern waren alles andere als glücklich über den Familienzuwachs, fügten sich aber schließlich doch in meine Entscheidung.

Blacky war der perfekte Hund für mich, ein ebenso freiheitsliebender Charakter wie ich und auch er ließ sich nicht verbiegen. Wir waren uns ähnlicher, als mir bewusst war und vielleicht waren wir deshalb unzertrennlich.

Gemeinsam unternahmen wir lange Spaziergänge. In dieser Zeit waren wir frei und ungebunden, nur Blacky, ich und die Natur. Es war unsere Welt und für mich war diese Zeit der Himmel auf Erden.

Um mit Blacky klar zu kommen, brauchte ich weder Hilfsmittel noch Grundkommandos. Unsere Beziehung fand auf Augenhöhe statt.

Unbeeinflusst von fremden Meinungen und noch nicht durch unzählige wissenschaftliche Erkenntnisse oder immer neuen Erziehungsmethoden verunsichert, behandelte ich Blacky wie einen Hund, so wie Rex es mich gelehrt hatte. Dass er mich dominieren oder sich irgendeine Herrschaft unter seine Pfoten krallen wollte, kam mir nicht in den Sinn.

Diese Zeit war für mich sehr glücklich. Ich hatte das ehrlichste Wesen an meiner Seite, welches mich so nahm wie ich war, das mich respektierte mit all meinen Schwächen und das meine Vergangenheit nicht interessierte.

Dieser wilde, unkastrierte und doch treue Rüde hat mich viele Jahre meines Lebens begleitet und mich vieles gelehrt. Er hat mich an seiner Welt teilhaben lassen und mir gezeigt, wie wenig es doch braucht, um ein gutes Team zu werden.

Blacky wurde sechzehn Jahre alt, aus heutiger Sicht würde dies an ein Wunder grenzen. Er bekam zu fressen was vom Tisch übriggeblieben ist oder er sich auf der Jagd geholt hatte. Impfungen in dem heutigen Ausmaß gab es noch nicht, ebensowenig wie Spot Ons oder regelmäßige Entwurmungskuren. Und doch strotzte dieser Rüde Zeit seines Lebens vor Gesundheit.

Als abzusehen war, dass die Stunde des Abschiednehmens näherkam, wollte ich gemeinsam mit meinem treuen Begleiter gehen. Ein Leben ohne ihn schien mir unvorstellbar. Sein letzter Blick aber sagte mir, dass meine Zeit noch nicht gekommen war und er seinen letzten Weg alleine antreten wird.

Rex und vor allem Blacky waren die Wegbereiter für meinen heutigen Beruf.

Zu diesem Zeitpunkt war mir das natürlich noch nicht bewusst. In mein Leben kam erstmals so etwas wie Normalität. Von meinen Eltern zum Erfolg getrieben, beendete ich die Schule und absolvierte eine Ausbildung im Einzelhandel. Der Umgang mit Waren und Menschen machte mir viel Freude. Etliche Jahre blieb ich in dieser Branche und arbeitete mich bis zur Filialleitung hoch. Aufgrund der langen Arbeitszeiten war an eine Hundehaltung nicht zu denken, zu lange hätten sie alleine bleiben müssen. So hat die Vernunft über meinem Wunsch nach einem Hund überwogen.

Ein Leben ohne Tiere aber war für mich nicht lebenswert. Ich lebte geraume Zeit mit Katzen, auch sie waren sehr gute Lehrmeister: unbeugsam, egoistisch und doch anschmiegsam, wenn sie es wollten. Es waren Tiere so frei in sich und kaum manipulierbar durch den Menschen.

Irgendwann war es Zeit für mich, mich beruflich zu verändern und weiterzuentwickeln. Noch immer dachte ich nicht im Traum daran, Hundetrainerin zu warden. Ich blieb in der Dienstleistungsbranche, fand einen Job im öffentlichen Dienst und glaubte, das große Los gezogen und einen Beruf bis zur Rente gefunden zu haben. Doch weit gefehlt.

Wer Tag für Tag mit Menschen zu tun hat, die eine Dienstleistung in Anspruch nehmen, wird schnell in den Abgrund der menschlichen Psyche blicken. Beschimpfungen, Beleidigungen und auch Bedrohungen gehörten zum Berufsalltag. Innerhalb der Firma sah es auch nicht viel besser aus. Mobbing unter den Angestellten und Druck aus der Führungsetage erschwerten den Berufsalltag zusehends.

Der Schichtdienst allerdings erlaubte es mir wieder, mit Hunden zu leben. Ausschlaggebend war die Bitte einer Bekannten, ob ich nicht Platz für einen Hund aus Rumänien hätte. Nach einigen Überlegungen sagte ich zu, mir Mona anzusehen und so kam ich das erste Mal mit dem Thema Auslandstierschutz in Berührung.

Mona stammte wie gesagt aus Rumänien und war bereits in Deutschland. Schon beim ersten Besuch bei meiner Bekannten kam Mona zu mir und setzte sich auf meinen Schoß. Dasselbe wiederholte sich bei den weiteren Treffen worauf ich nicht mehr Nein sagen konnte. Also entschloss ich mich, Mona zu mir zu nehmen.

Sie war eine Mischlingshündin und gewohnt ihr Ding zu machen, trotzdem aber war sie pflegeleicht. Zuhause schlief sie sehr viel und das am liebsten bei mir im Bett. Draußen war sie Mona der Hund, der am liebsten schnüffelte, manchmal eine gefühlte Ewigkeit an einem Fleck. In diesen Momenten hatte Mona die Welt und vor allem mich vergessen.

Mich störte ihr Verhalten nicht, Mona tat niemanden etwas, und war mit sich und der Welt offensichtlich im Reinen.

Allerdings war die Welt nicht mit Mona im Reinen. Immer häufiger wurde mir empfohlen, eine Hundeschule aufzusuchen. Außerdem wurde mir eingeredet, dass Mona abrufbar sein und die Grundkommandos beherrschen sollte. Zu Anfang machte ich mir nichts aus dem Gerede, hatten mich die Hunde doch etwas anderes gelehrt. Doch nach und nach ließ ich mich verunsichern. Entgegen meiner Überzeugung schleppte ich Mona in eine Hundeschule, die mir von verschiedenen Seiten sehr empfohlen wurde.

Dort, zur ersten Stunde angekommen, wurden wir von einem, wie ich sie nannte, herrischen Weib in verschmutzten Klamotten empfangen. Sie befahl uns in ihrem militärischen Ton auf einen Platz auf der Wiese. Mich beschlich ein ungutes Gefühl, war ich hier wirklich richtig? Diese spezielle Begrüßung wurde auch fünfzehn weiteren Hundeschülerinnen und Hundeschülern zuteil. So standen wir da und warteten auf weitere Befehle. Schnell stellte ich fest, dass nicht alle blutige Anfänger wie ich waren. Einige hatten bereits ein paar Stunden Schule hinter sich und gehörten zu den Fortgeschrittenen.

Geduldig wartete ich mit Mona, bis wir endlich mit unserer ersten Lektion an der Reihe waren. Nach einer gefühlten Ewigkeit war es dann so weit, Mona sollte zu allererst das Kommando "Sitz" lernen. Die Trainerin mühte sich mit Mona ab, doch Mona setzte sich nicht. Nachdem der Vorführeffekt der Trainerin gründlich an Monas Sturheit (wie sie es nannte) gescheitert war, war ich an der Reihe, Mona ins Sitz zu befehlen. Ich klärte die Trainerin auf, dass Mona aufgrund ihrer Behinderung nicht sitzen kann. Die Antwort höre ich heute noch „Jeder Hund kann sitzen". Ich war perplex und auch sprachlos, es konnte doch nicht sein, dass derart über eine körperliche Einschränkung eines Hundes hinweggegangen wurde. Nichtsdestrotz bekam ich die Aufgabe und anschließend auch die Hausaufgabe, Mona das Sitz auf Befehl beizubringen. Dann wurde ich wieder allein gelassen, denn es warteten noch weitere Kunden und Kundinnen auf ihre Einsatzbefehle.

Zuhause angekommen ließ ich mir diese Stunde noch einmal durch den Kopf gehen. Ich fragte mich, welchen Sinn es haben soll, dass ein Hund auf Befehl Sitz macht? Ich konnte es nicht nachvollziehen, vor allem, weil ich dieses unter Hunden noch nie gesehen habe. Aus diesem Grund haben wir dieses Kommando bis zur nächsten Stunde auch nicht geübt.

Am drauffolgenden Samstag erschien ich abermals mit Mona in der Hundeschule. Wie in der Woche zuvor wurden wir zu Beginn aufgefordert unsere Hunde von der Leine zu lassen, damit sie zuerst mit den anderen Hunden spielen und ihre Energie ablassen konnten. Wieder tat ich wie befohlen und machte Mona die Leine ab. Doch auch dieses Mal blieb Mona ruhig neben mir stehen und machte keinerlei Anstalten, sich in das wilde Hundegetümmel stürzen zu wollen. Von der Trainerin wurde dieses Verhalten mit einem Murren zur Kenntnis genommen, sie hielt es für nicht normal. Nachdem die ersten zehn Minuten vorbei waren, ging es in das Hundetraining. Wieder ging die Trainerin von Mensch zu Mensch und ließ sich die Fortschritte vorführen: Sitz! Platz! Bleib! ertönte es aus allen Richtungen und mir kam der Gedanke, dass es sich wohl auf einem Truppenübungsgelände ähnlich anhören musste. Manche Hunde befolgten die Befehle bereits recht gut, andere wiederum, nach der fünften Stunde, immer noch nicht und der Tadel der Trainerin kam prompt. Energisch wies sie die Halterinnen und Halter darauf hin, mehr zu üben, denn die, wie sie es nannte, Grundkommandos muss jeder Hund beherrschen. Während sich Mona trotz des Gebrülls auf der Wiese entspannt neben mir hingelegt hatte, kam mir die Frage nach dem Warum in den Sinn. Meine Mona konnte immer noch kein Sitz und doch wich sie nicht von meiner Seite, während die perfekten Sitzmacher laut bellend in der Leine hingen.

Als ich nach gut dreißig Minuten die Trainerin zu Gesicht bekam, war Mona neben mir eingeschlafen und machte keinerlei Anstalten, ihren Schlaf für irgendeine Übung unterbrechen zu wollen. Erst als die Trainerin Mona mit einem Leckerchen gelockt hatte, stand Mona auf. Ein Sitz aber wollte sie immer noch nicht machen und ich ließ den Vorwurf, dass ich nicht geübt hatte, über mich ergehen. Als Hausaufgabe gab sie mir den Befehl Platz zum Üben mit.

Ich dachte nur, ach herrje wozu denn das? Mona kann doch liegen, ohne dass ich es ihr befehlen muss.

Bei der Anmeldung zur Hundeschule hatte ich eine Zehnerkarte ge-kauft, aber ich verzichtete auf deren Einlösung. Dass ich meinen Hund Woche für Woche Kunststückchen beibringen sollte, um sie Samstag für Samstag dieser Person vorführen zu können, machte für mich keinen Sinn.

Mona lief nicht weg, griff niemanden an, und ging auch super an der Leine. Ihr einziges Manko war, dass sie beim Schnüffeln gerne mal die Welt um sich herum vergessen hat und die vom Menschen ir-gendwann erfundenen Grundkommandos, ohne die ich noch aufge-wachsen bin, nicht beherrschte. Wenn Mona mal wieder soweit war und voll und ganz in ihrer Hundewelt abgetaucht war, habe ich sie abgeholt und alles war gut. Nein, eine Hundeschule brauchten wir nicht, schon gar nicht so eine.

Auch heute noch arbeiten viele Hundeschulen so, wie ich es vor über dreißig Jahren das erstemal kennengelernt habe. Sitz! Platz! Bleib!

Mona war viele Jahre an meiner Seite und ich ließ sie wie sie war, ohne Schule und Training. Sie hatte ihre Eigenheiten, aber genau diese machten Mona so einzigartig und ich lernte mit diesen umzugehen. Leider musste ich auch Mona eines Tages über die Regenbogenbrücke gehen lassen.

Es war ein erster, kleiner Wendepunkt in meinem beruflichen Leben. Ich reduzierte meine Arbeitszeit und nahm nach und nach vier Hündinnen bei mir auf. Sie sollten mir später eine große Stütze sein.

Allmahlich begann mein Weg als Hundetrainerin. Immer häufiger wurde ich um Unterstützung gebeten, wenn es zu Problemen, zunächst im Bekanntenkreis, kam.

Mir machte es viel Freude, vor allem den vielen missverstandenen Hunden helfen und ihren Menschen den wahren Hund zeigen zu können. Immer noch aber dachte ich nicht daran, dass ich jemals diesen Beruf ergreifen würde.

Eines aber ist mir bereits zu dieser Zeit klar geworden, der Mensch hat sich immer weiter von seinen Hunden und ihren natürlichen Verhaltensweisen entfernt und immer mehr Hunde verstanden ihre Menschen nicht mehr.

Ich arbeitete immer noch im öffentlichen Dienst und durch meine Tätigkeit konnte ich gut beobachten, wie sich die Menschen mit der Zeit immer mehr veränderten. Sie wurden immer nervöser und hektischer. Es war kaum noch ein freundliches Wort zu hören und die Gesichter der Menschen sprachen Bände. Es waren grimmige und mürrisch dreinblickende Gesichter ohne jegliche Wärme. Mir fielen immer mehr Menschen auf, die mit sich und ihrer Umwelt kaum noch zurechtkamen und sich durch die kalten Massen kämpften.
Ich wollte und musste für mich begreifen, was in diesen vielen Leuten vor sich ging. Warum die Menschen so kalt und rücksichtslos geworden sind. So begann ich neben meinem Beruf zu studieren, zuerst Psychologie und später Soziologie.

Mein Beruf, mein Studium und meine Hunde füllten mich mehr und mehr aus und lange Zeit habe ich die Warnsignale meines Körpers missachtet. Ich litt unter immer heftiger werdenden Rückenschmerzen, meine Beine schmerzten, an manchen Tagen konnte ich kaum noch gehen und eine Erkältung folgte der nächsten. Für jedes dieser

Symptome bekam ich von meinem Hausarzt Medikamente verschrieben, die Ursache für meine Beschwerden aber blieb lange unerkannt.

Und so kam was kommen musste, ich brach zusammen und nichts ging mehr. Die Diagnose lautete Burn Out, gefolgt von einer tiefen Depression. Unfähig am Leben teilzunehmen verkroch ich mich immer mehr, fiel in ein tiefes Loch, aus dem es kein Entkommen mehr zu geben schien. Ich war mental nicht mehr in der Lage, meine Hunde zu führen und es gab Momente, an denen ich kurz davor war, sie zu verlieren. Wenn wir an so einem Punkt standen, hat meine Maremmanohündin Anabel die Führung übernommen. Sie hat meinen Job gemacht und die anderen Hündinnen in ihre Schranken gewiesen. Sie hat wieder die Struktur in die Meute gebracht, die alle so dringend brauchten. Meine Hunde waren neben meiner Familie meine große Stütze während dieser dunklen Zeit. Sie hielten mich am Leben und gaben mir die Kraft, aus den schwarzen Tagen wieder herauszukommen. Brach ich in Tränen aus, waren meine Hunde an meiner Seite, legten ihren Kopf auf meinen Schoß oder schliefen eng bei mir ein. Sie waren bei mir Tag und Nacht, in den wenigen guten Momenten, vor allem aber in den vielen schlechten Stunden. Allen voran aber meine Anabel, sie wich nicht von meiner Seite und manchmal schien es mir, als wolle sie sagen: „Marion steh auf, wir brauchen dich!"

Mehrfach wurde mir empfohlen Medikamente einzunehmen, doch ich habe die Empfehlung hartnäckig verweigert. Ich wollte es schaffen, so wie die Hunde es mich gelehrt hatten: es bringt nichts, nur etwas an den Symptomen herumzuprobieren. Um langfristig Erfolg haben zu können, muss die Ursache gefunden und an dieser gearbeitet werden.

Auch wenn ich es nicht wahrhaben wollte, die Ursache für meine Erkrankung war mein Beruf. Ein Beruf, der mich nicht glücklich machte, dessen Stress ich nicht mehr bewältigen konnte und der mir jegliche Lebensenergie geraubt hatte.

Aus diesem Grund konnte es nur eine Lösung geben, um wieder auf die Beine zu kommen. Ich ging die Ursache an und kündigte meine Lebensanstellung. Ich sprang ohne doppelten Boden in ein neues Leben – mit neuer Kraft und frischer Lebensenergie war ich bereit, den für mich bestimmten Weg zu gehen. Ich wurde Hundetrainerin.

Es war für mich an der Zeit den Hunden das zurückzugeben, was sie mich über viele Jahre gelehrt haben, was ich von ihnen lernen durfte. Ich durfte viele Jahre an ihrer Welt teilhaben und mit ihnen noch in ihrer Echtheit leben. Sie haben mir ihre Sprache beigebracht und mir vorgelebt, mit welch einfachen Mitteln man gemeinsam glücklich sein kann. Sie habe mir gezeigt, dass sie weder Kommandos noch Hilfsmittel brauchen um als Hunde in unserer Welt bestehen zu können.

Sie haben mich gelehrt, dass sie Menschen brauchen, die so ehrlich und echt sind wie sie. Und mir bewusst gemacht, dass sie die wahren Lehrmeister sind und uns Menschen wieder auf unseren Weg zurückbringen können, wenn wir uns verirrt haben.

Hunde sind so viel mehr als nur Haustiere, sie sind unser Spiegel und unser Warnsystem, wenn wir aus dem Gleichgewicht geraten.

Ausbildung und Fortbildung

Während um mich herum immer mehr Hundeschulen eröffneten, blieb ich meinem Weg treu und arbeitete schwerpunktmäßig dort, wo die Probleme im Zusammenleben von Mensch und Hund ihren Ursprung hatten, bei den Familien vor Ort.

Leider war im Bereich des Hundetrainings festzustellen, dass Quantität nicht gleich Qualität bedeutet und sich auch immer mehr schwarze Schafe mit denkwürdigen Trainingsmethoden Hundetrainerin oder Hundetrainer nannten. Bis heute ist diese Berufsbezeichnung nicht geschützt und so konnten viele Jahre alle als Hundetrainerin oder Hundetrainer arbeiten, die es wollten. Dem ist bis heute so, allerdings gab es eine kleine Änderung.

Aufgrund der teilweise auch tierquälerischen Trainingsansätze mancher Hundetrainer*innen, kamen irgendwann Gerüchte auf, dass sich in Bezug auf diesen Beruf etwas ändern sollte. Unter den Hundetrainer*innen machte sich eine spürbare Unsicherheit breit, die irgendwann auch bei mir einzog. Niemand wusste, welche Konsequenzen die Gesetzesänderung für unseren Berufszweig nach sich ziehen würde und bei so manchen Betreiber*innen von Hundeschulen kamen Existenzängste auf. Wie sich später herausstellen sollte zurecht. Als die Änderung des Tierschutzgesetzes und die damit einhergehenden Anforderungen an den Beruf Hundetrainer*in bekannt waren, machte auch ich mir meine Gedanken. Meine Sicht auf Hunde war eine andere als die der Masse meiner Berufskolleg*innen und auch die der sich mehrenden Erziehungsratgeber. Im Gegensatz zu diesen trainierte ich keine Hunde, ich arbeitete mit den Menschen und half ihnen, ihre Hunde zu verstehen. Genau genommen war ich viele Jahre Dolmetscherin zwischen Mensch und Hund: Ich erklärte den Halter*innen, warum ihre Hunde wie in welcher Situation reagierten oder auch nicht und zeigte ihnen Lösungswege auf.

Bei vielen meiner Hausbesuche reichte meist eine kleine Verhaltens-änderung der Menschen, um die seit langem bestehenden Verhaltens-probleme der Hunde zu lösen. Die Hunde hatten es mich über viele Jahre so gelehrt.

Nun sollte ich eine Sachkundeprüfung ablegen, von der ich nicht wusste, was verlangt wurde.

Ich entschied mich eine Ausbildung zu absolvieren, um den Anforderungen von Amts wegen entsprechen zu können. Darüber hinaus, um einen Einblick in eine Welt zu bekommen die meint, mit den Hunden arbeiten zu müssen, um deren Verhaltensauffälligkeiten in den Griff bekommen zu können.

Im Internet wurde ich fündig und fand ein Ausbildungsinstitut das versprach, dass die Ausbildungsinhalte den Anforderungen des § 11 des Tierschutzgesetzes entsprechen würden. Der Zeitraum der Ausbildung war überschaubar und der Preis, im Gegensatz zu vielen anderen Anbietern, auch.

Bereits am ersten Tag der Ausbildung wich die anfängliche Euphorie einer Ernüchterung. Vor uns Teilnehmer*innen stand ein Mann, dessen Ego größer war als die deutschen Alpen, der uns gleich zu Beginn mit all seiner Überzeugung dazu aufforderte, alles was wir bisher über Hunde gelernt hatten, zu vergessen. In diesem Moment überlegte ich, ob nicht auch Sekten mit ähnlichen Methoden arbeiten. Es folgte eine ungeahnte Selbsthudelei über sich, seine Firma und dass er die einzige Wahrheit über Hunde erfunden hatte. Aha! Am Ende des ersten Tages waren sich alle Teilnehmer*innen einig, dass wir diese Ausbildung nicht bis zum Ende durchstehen wollen und auch nicht werden.

Doch zum Glück wechselten sich die Ausbilder*innen ab und so war die Ausbildung erträglich und so manches Vermittelte für mich auch nachvollziehbar. Ich gebe zu, dass ich einiges von dieser Ausbildung mitgenommen habe, aber auch vieles nicht nachvollziehen konnte. Denn auch hier wurde das Augenmerk auf die Hunde gelegt und diese durch eine Dauergabe von Leckerlies von allen möglichen Problemen abgelenkt.

Nach dem erfolgreichen Abschluss dieser Ausbildung war mir noch bewusster, was in Bezug auf das Zusammenleben mit unseren Hunden über viele Jahre falsch gelaufen ist. Es wurde mit den Hunden gearbeitet, sie wurden trainiert und ausgebildet, sie wurden beschäftigt und abgelenkt aber nicht mehr geführt. Sofort fiel mir mein erster Hundeschulbesuch ein und ich wollte nicht glauben, dass man aus den Fehlern der Vergangenheit nichts gelernt hat.

Sofort nach Aushändigung der Ausbildungsunterlagen und dem erteilten Zertifikat sowie mit vielen Jahren Berufserfahrung im Gepäck beantragte ich die Erlaubnis nach § 11 des Tierschutzgesetzes, um meinen langjährigen Beruf auch weiterhin ausführen zu können. Doch statt der erhofften Erlaubnis bekam ich die Mitteilung, dass die Ausbildungsinhalte dem Veterinäramt als Nachweis meiner Sachkunde nicht ausreicht und ich wurde zu einem Gespräch gebeten.
Nach diesem Gespräch war ich endlich um eine Erlaubnis reicher und um 350 Euro ärmer. Mich ließ der Gedanke nicht los, ob hier nicht in erster Linie nach einer neuen Einnahmequelle seitens der Gemeinden gesucht wurde. Vor allem auch, weil ich in einem anderen Bundesland diese Erlaubnis erneut beantragen musste. Wie dem auch sei, mein beruflicher Fortgang war gesichert.

Viele Hundetrainer*innen aber verloren ihre Existenz. Hundetrainer*innen, die bereits lange Jahre eine Hundeschule betrieben haben, wurde eine Sachkunde aufgrund langjähriger Berufserfahrung abgesprochen und die Hundeschulen mussten geschlossen werden. Fairerweise muss ich hier anmerken, dass diese Hundetrainer*innen sich weigerten, die Sachkundeprüfung abzulegen, sie beharrten auf ihrer Berufserfahrung. Sturheit und Rechthaberei sind selten gute Ratgeber, auch hier sind Hunde wahre Lehrmeister. Wenn wir Hunde untereinander und ihre Art der Kommunikation beobachten, werden wir schnell feststellen, dass besonders die älteren und erfahrenen Hunde durchaus auch nachgeben, wenn ihnen die Ausweglosigkeit ihrer Situation bewusst ist.

Im Lauf meiner Tätigkeit besuchte ich auch regelmäßig Seminare. Lernen, sich weiterentwickeln und auch hinterfragen ist bereits seit meiner Kindheit ein wichtiger Bestandteil meines Lebens. Einige Seminare stellten sich als für die Katz heraus, andere wiederrum sind mir in lebhafter Erinnerung geblieben.

Ich hatte mich für ein zweitägiges Seminar angemeldet, welches speziell für Hundetrainer*innen angeboten wurde und sich mit der Kommunikation der Hunde befasste. Das war genau mein Thema und die Referentin eine bekannte Hundetrainerin. Also nichts wie hin!

Bereits am ersten Tag kam eine Diskussion auf, die ich bis heute nicht vergessen habe. Die Referentin beschrieb den Schwerpunkt der Arbeit mit Hunden als eine Sache der Führung durch den Menschen. Wow, dies entsprach genau meiner Überzeugung und Erfahrung. Doch dann referierte sie über die Ablenkung der Hunde mittels Leckerlies oder den Einsatz von Clickern. Mich hielt es kaum noch auf meinem Stuhl und ich meldete mich zu Wort. Ich wandte ein, dass dies mit Führung nichts gemeinsam hat, sondern lediglich die Hunde von den für sie kritischen Situationen abgelenkt werden. Dadurch würden die Hunde nicht lernen, sich an ihren Menschen zu orientieren, um so die für sie stressigen Situationen gemeinsam mit ihren Menschen meistern zu können.

Die Referentin stimmte mir zu, allerdings wurde mir durch ihre weiteren Ausführungen bewusst, wo das wirkliche Problem vieler Hundetrainer*innen und der Fehler in der geforderten Sachkunde liegt. Die Referentin bemerkte, dass wir Hundetrainer*innen alle keine Psychologen sind, um mit den Menschen arbeiten zu können. Aus diesem Grund müssen wir uns auf die Hunde konzentrieren und mit diesen arbeiten.

Diese Aussage hat mich entsetzt. Wenn man weiß, dass das wahre Problem der Mensch und nicht der Hund ist und trotzdem nur mit den Hunden irgendetwas gemacht wird, dann hat sich aus meiner Sicht dieser Beruf in eine völlig falsche Richtung entwickelt. Eine Entwicklung, die für viele Hunde tragische Auswirkungen hat.

Wenn man trotz besseren Wissens lediglich mit den Hunden trainieren, aber nicht mit deren Menschen arbeiten kann, kann das dauerhaft nicht gut gehen. Egal wieviel man mit den Hunden arbeitet, egal welche Kommandos man ihnen beigebracht hat. Man kann Hunden nicht befehlen keine Angst mehr zu haben oder seinem Menschen zu vertrauen. Auch wenn ein Hund zuverlässig seinen Befehl Sitz ausführt, bleibt er trotzdem in seiner Angst gefangen.

Einige Zeit später bekam ich einen Anruf und wie sich herausstellte, von einer ehemaligen Kundin dieser Referentin, die mich um Unterstützung mit ihrem Schäferhund bat.

Während dieses Telefonats fragte mich Frau Heine, nach welcher Methode ich denn arbeite. Meine Antwort, dass ich nach keiner Methode arbeite, da dies aus meiner Sicht keinen Sinn macht, überraschte sie. Sie erzählte mir, dass sie bereits bei meiner Seminarreferentin vorstellig gewesen war und sie eine Methode an die Hand bekommen hat, mit der sie leider nicht zurechtkam.

Wir vereinbarten einen Termin bei mir, damit ich Frau Heine und ihren Schäferhund kennenlernen konnte. Bereits als Frau Heine bei mir aus dem Auto stieg, wurde mir das eigentliche Problem bewusst. Frau Heine strahlte eine große Unsicherheit aus, die sie aber gekonnt überspielte. Als sie ihren Schäferhund Carlo aus dem Auto holte, redete sie ständig auf ihn ein. „Carlo ist ja gut, Carlo warte, nein Carlo noch nicht, Carlo Sitz! und warte". In diesem Moment musste ich an meine ehemalige Referentin denken und mir kam der Gedanke, ob nicht Frau Heine hätte geclickert werden müssen.

Als Frau Heine Carlo mit einem energischen "los" aus dem Auto springen ließ, stürmte dieser sofort auf mein Trainingsgelände und brachte Frau Heine praktischweise gleich mit.

Um Frau Heine aus ihrer Unsicherheit zu helfen, verwickelte ich sie in ein Gespräch. So erfuhr ich, dass sie seit vielen Jahren Schäferhunderfahren war, aber bei Carlo war alles anders. Carlo hatte sie vor zwei Jahren aus Spanien adoptiert und zu Beginn ist alles gut gelaufen. Nach und nach aber haben sich Probleme eingeschlichen, die sie nun an ihre Grenzen gebracht haben.

Carlo ist nicht zur Ruhe zu bringen, ständig läuft er hinter ihr her. Nun hat er auch noch begonnen, sie in die Fersen zu zwicken, besonders wenn sie das Haus verlassen will. An ein ruhiges und entspanntes Gassi ist nicht mehr zu denken, zumal Carlo mehr und mehr eine Leinenaggression zeigt.

Wegen dieser Leinenaggression ist sie bereits bei der bekannten Hundetrainerin gewesen und diese hatte ihr einige Tipps und Tricks gezeigt. Allerdings haben sich die Probleme nach dem Besuch bei der Trainerin weiter verstärkt, zumal niemand bei ihr vor Ort war, der sie bei der Umsetzung der gelernten Methode unterstützen konnte. Daraufhin hat sie mehrere Hundetrainer*innen konsultiert und aufgrund der Erfolglosigkeit der ausprobierten verschiedenen Trainingsmethoden war sie nun auch mir gegenüber sehr skeptisch.

Ich atmete erstmal tief durch, kochte uns einen Kaffee und schilderte Frau Heine meine Sicht auf Hunde und meine Erfahrungen mit ihnen. Frau Heine hätte sich fast an ihrem Kaffee verschluckt als ich ihr erläuterte, dass es keine Leinenaggression gibt. Dieses, aus Sicht des Menschen, Fehlverhalten ist aus Sicht der Hunde ganz normales Verhalten. Ich erklärte ihr, dass die Leine nicht nur ein Mittel ist, um Hunde halten zu können, sondern dass wir über die Leine mit unseren Hunden verbunden sind, im wahrsten Sinne des Wortes. Ist der Mensch unsicher, ängstlich oder auch zornig, spüren dies die Hunde, auch über die Leine.

Ich sah die Ungläubigkeit in den Augen von Frau Heine und wartete nur noch auf ihre Frage, ob ich noch richtig ticke. Um ihr zu zeigen was ich meinte, bat ich sie, die Leine von Carlo zu nehmen, der sich in der Zwischenzeit vor ihren Füßen platziert hatte, und mit ihm eine

Runde über mein Gelände zu gehen. Frau Heine kam meiner Bitte nach und kaum hatte sie die Leine in der Hand, sprang Carlo hoch und war kaum noch zu halten. Ich folgte den Beiden und nach wenigen Metern nahm ich Frau Heine wortlos die Leine aus der Hand und gab ihr ein Zeichen zurückzubleiben.

Kaum hielt ich die Leine, änderte Carlo sein Verhalten. Anfangs war er zwar noch aufgeregt, wollte mich herausfordern und signalisierte mir, dass auch ich bei ihm nichts zu melden hatte. Carlo zeigte ein Verhalten, wie wir es von wilden Pferden kennen, die zugeritten werden sollen. Sie wehren sich mit aller Macht gegen die Führung und dann gilt es, Umsicht zu bewahren und auch standhaft zu bleiben. Schnell merkte Carlo, dass er mit diesem Verhalten bei mir keinen Erfolg hat und er beruhigte sich zusehends, so dass ich ihn an der lockeren Leine führen konnte.

Als wir zu Frau Heine zurückkamen sagte sie mir, dass Carlo immer so heftig reagiert, sobald sie ihn korrigieren wollte und er sie auch in diesen Situationen bereits verletzt hat. Aus diesem Grund hatte sie sich nicht mehr getraut, mit Carlo zu arbeiten.

Ich drehte mit Carlo noch einige Runden bis ich merkte, dass er mich und meine Führung akzeptiert hatte.

Nachdem Carlo sich an der lockeren Leine gut führen ließ, übergab ich Frau Heine die Leine und sofort zeigte Carlo sein altes Verhalten.

Er zog an der Leine und nachdem er sein Frauchen fordernd angesprungen hat, schritt ich ein und übernahm die Leine. Sofort beruhigte sich Carlo und wir gingen zu dritt in aller Ruhe über mein Gelände. Nach diesem Erlebnis war Frau Heine erstmal sprachlos und ich konnte mit der eigentlichen Arbeit beginnen, der Arbeit mit ihr.

Wir gingen in mein Büro, wo ich Frau Heine erklärte, wie sie auch zuhause Regeln und Grenzen für Carlo aufstellen kann. Dazu gehört auch, dass er sein Frauchen nicht ständig verfolgt, sondern auf seinem Platz liegen bleibt. Ich zeigte ihr, wie sie Carlo ohne ein Wort aber bestimmt auf seinen Platz führen kann und es kam die Frage aller Fragen: „muss ich denn nicht „Bleib" sagen"? Meine Antwort überraschte sie, denn ich erläuterte ihr, dass es aus Hundesicht selbstverständlich ist dort zu bleiben, wo der Mensch seinen Hund hinführt. Carlo bestätigte meine Aussage sehr schnell. Nachdem ich ihn zum vierten Mal auf seinen Platz geführt hatte, blieb Carlo dort liegen. Er hatte die Ernsthaftigkeit, nach einigen Tests meiner Regel, verstanden und blieb auf dem ihm zugewiesenen Platz. Nachdem Carlo sich mit einem lauten Seufzer in sein Schicksal gefügt hat, verließen Frau Heine und ich mein Büro und siehe da, Carlo blieb auf seinem Platz liegen.

Im Anschluß hörte ich den Satz, der mich von Beginn an in meiner Tätigkeit begleitet. Frau Heine sagte: „Das hat er ja noch nie gemacht."

Als nächstes stand das Gassi, oder besser die Vorbereitung, auf dem Programm. Ich bat Frau Heine die Leine zu nehmen und zur Tür zu gehen. Sofort sprang Carlo auf und an seinem Frauchen hoch. Ich zeigte Frau Heine, wie sie von Carlo einen respektvollen Abstand einfordern konnte und bat sie zu warten, bis Carlo sich wieder beruhigt hatte. Um die Ungeduld des Frauchens in den Griff zu bekommen, verwickelte ich sie abermals in ein Gespräch, diesmal über das Wetter. Nach wenigen Minuten begann Carlo sich zu beruhigen und irgendwann legte er sich hin. Ich erklärte Frau Heine, dass wir Carlo zwar hätten befehlen können sich hinzulegen, aber wir können ihm nicht befehlen sich zu beruhigen. Dazu müssen wir ein wenig Geduld aufbringen und einfach nur warten.

Nun kam der richtige Zeitpunkt, um mit Carlo rauszugehen und die schwierigste Übung für Frau Heine. Ihre Aufgabe bestand darin, ohne ein Wort mit Carlo das Haus zu verlassen. Wie sich herausstellte, war dies eine Herausforderung, weil das Wort „komm" ein fester Bestandteil des Rituals vor dem Gassi darstellte. Ich musste mit Frau Heine geduldig bleiben, und diese Übung einige Male mit ihr wiederholen, doch am Ende konnten wir beide lachen.

Nachdem bei ihr der Knoten geplatzt war ging es los und siehe da, Carlo folgte seinem Frauchen an der lockeren Leine nach draußen.

Nun überzeugt von meiner Art des Hundetrainings versprach Frau Heine, den nun eingeschlagenen Weg konsequent fortzusetzen. Einige Male hat sie mich nach unserem Termin noch angerufen und um Rat gebeten, wenn sie gerade nicht weiterkam.

Schließlich, nach einem halben Jahr, berichtete mir Frau Heine, dass es mit Carlo keine Probleme mehr gibt. Manchmal versucht er zwar noch ihre Entschlossenheit auszutesten, aber sie lässt sich auf keine Diskussion mehr mit Carlo ein und kann ihn gut lenken.

Hundetraining ist eigentlich ganz einfach, wenn man erkennt, wer das Training braucht.

Kinder und Hunde

Von unseren Eltern und Großeltern haben wir Kinder klare Ansagen bekommen, wie wir uns den Hunden gegenüber zu verhalten haben. Ein Satz aus dieser Zeit ist mir in tiefer Erinnerung geblieben: Hunde niemals beim Fressen oder Schlafen stören! Hielten wir uns nicht an diese klare Regel und haben die Hunde dennoch gestört, gab es für uns einen geschmeidigen Anpfiff, den wir uns gemerkt haben. Auf die Idee, den Hund maßzuregeln oder ihn gar für seinen warnendes Knurren zu bestrafen, kam niemand.

Heute erlebe ich, dass viele Eltern ein ganz anderes Verständnis vom Zusammenleben von Kind und Hund haben. Häufig werde ich um Unterstützung gebeten, weil der eigene Familienhund nach dem

Kind geschnappt oder dieses bereits verletzt hat. Aus diesem Grund tragen sich viele besorgten Eltern mit dem Gedanken, den Hund in ein Tierheim zu bringen.

Ich erinnere mich noch sehr gut, als ich von einer Familie mit ihrem acht Monate jungen Hovawart um Unterstützung gebeten wurde, weil der Hund die Tochter ins Gesicht gebissen hatte. Was ich vor Ort gesehen habe, verschlug mir zuerst die Sprache.

Es war Sommer und ich unterhielt mich mit der jungen Mutter auf der Terrasse. Die fünfjährige Tochter und der junge Rudi spielten im Garten, zumindest wurde es von der Mutter so interpretiert. Rudi nahm der Tochter die Spielzeuge aus der Hand, biss in das Hinterrad des Kinderfahrrades sobald die Tochter losfahren wollte und schnappte sich sogar das Essen aus der Hand des Kindes. Ich konnte kaum glauben was ich sah, besonders weil ich feststellen musste, dass die junge Mutter diesem Spiel freudig zuschaute und keine Anstalten machte, einzuschreiten.

Nach wenigen Minuten des "munteren Spiels" zwischen Kind und Hund zog Rudi sich auf seinen Ruheplatz zurück, um sich ein Nickerchen zu gönnen. Ich beobachtete, wie sich die Tochter in diesem Moment zu Rudi auf die Decke gelegt hat, ihn mit Leckerchen locken und ihn am Schwanz von seinem Schlafplatz ziehen wollte. Ich blickte ungläubig zu der Mutter, die lächelnd meinte, dass ihre Tochter gut mit Rudi auskommen würde.

Ich fragte die junge Mutter ob es öfter passiert, dass ihre Tochter Rudi derart bedrängt und ihn auch piesackt. Sie entgegnete mir, dass ihre Tochter Rudi nicht in Ruhe lässt, obwohl sie sie bereits mehrere Male gebeten hatte, Rudi nicht beim Schlafen zu stören. Doch alles Bitten hat nicht geholfen, ihre Tochter macht einfach was sie will.

In Gedanken schlug ich die Hände über dem Kopf zusammen, holte tief Luft und ich fragte mich, ob es möglich war, die Mutter zur Vernunft zu bringen.

Bei dem was ich bisher beobachten konnte war mir klar, dass es hier weder für den Hund noch für das Kind Regeln und Grenzen gab. Beide waren sich in ihrer grenzenlosen Freiheit selbst überlassen, ohne jegliche Orientierung und somit hoffnungslos überfordert und ich vermutete, auch die junge Mutter.

Sie erzählte mir, dass Rudi gekauft wurde um später, wenn er ausgewachsen war, seiner Rasse entsprechend den Hof und seine Menschen zu bewachen. Zum Zeitpunkt meines Besuches aber war Rudi weit davon entfernt, diese Aufgabe übernehmen zu können. Im Gegenteil, wenn Frauchen nicht umgehend eine Kehrtwende vornimmt und sich ihrer Verantwortung bewußt wird, ist Rudi bereits in diesem zarten Alter eine tickende Zeitbombe. Er hatte die Tochter bereits verletzt.

Während unseres Gesprächs bemerkte ich, dass die junge Frau ein zweites Kind erwartete und für mich war dies eine doppelte Motivation, dieser Familie zu helfen.

In diesem Fall begann ich tatsächlich mit Rudi zu arbeiten. Ich beanspruchte Tinas Spielsachen und machte Rudi in seiner Sprache deutlich, dass er mir nichts aus der Hand nehmen darf. Rudi hat es sehr schnell verstanden und egal was ich auch in meinen Händen hielt, er stibitzte es nicht mehr.

Weiter ging es mit dem Essen. Meine Kundin hatte mir berichtet, dass Rudi durchaus Essen aus der Küche stiehlt und auch sehr aufdringlich ist, wenn sich die Familie zum gemeinsamen Essen einfindet. Ich bat die junge Frau den Tisch mit Leckereien aus dem Kühlschrank zu decken und sofort kam Rudi in die Küche gerannt und wollte auf den Tisch springen. Hier führte ich eine klare Grenze ein. Während der Essenszubereitung und auch während des Essens durfte Rudi die Küche nicht betreten, welches von Rudi sehr schnell akzeptiert wurde. Nach einigen Übungen wartete Rudi, trotz aller Verlockungen, vor der Küchentür und zog sich sogar auf seinen Ruheplatz zurück.

Nun war es an der Zeit, dass Rudis Frauchen meine Rolle übernahm. Ich bemerkte, welche Mühe es ihr bereitete, nicht nur Regeln aufzustellen und Grenzen zu setzen, sondern auch auf deren Einhaltung zu bestehen. Sie meinte, dies sei nicht ihr Ding.

Also habe ich die junge Frau an die Hand genommen und mit ihr geübt und geübt und geübt bis ich endlich aus ihrem Mund ein entschiedenes NEIN gehört habe. In diesem Fall war der Einsatz der Sprache für die Frau wichtig. So konnte sie ein wenig von ihrem Frust rauslassen und dies schien mir in dieser Situation sehr nötig. Nun war der Durchbruch geschafft, vor allem aber auch weil sie gesehen hatte, wie schnell Rudi sein Verhalten geändert und seine Menschen respektiert hat.

Jetzt ging es an den schwierigeren Teil meiner Arbeit. Ich musste die junge Frau überzeugen, auch ihrer Tochter Grenzen zu setzen und ihr erklären, dass dies keine Folterwerkzeuge sind, sondern ihrer Tochter ein Stück weit Orientierung geben kann. Eine Orientierung, um gut in diese Welt starten zu können mit Eltern an der Seite, die ihr ein Wegweiser sind und ihr auch den nötigen Halt geben. Dazu aber gehört auch, der Tochter die ein oder andere Last von Entscheidung abzunehmen, deren Konsequenzen sie sich noch gar nicht bewusst sein kann.

Ich erklärte der jungen Frau, dass dazu auch der richtige Umgang mit den Hunden gehört. Kinder müssen diesen erst lernen. Die Entscheidung eines Kindes, sich zu dem Hund ins Bett zu legen kann Folgen haben, die zwar die Eltern kennen sollten, aber den Kindern gar nicht in den Sinn kommen können. War doch der Hund bis dahin der beste Freund und ein süßes Kuscheltier.

Um Verletzungen zu vermeiden, müssen die Eltern eine deutliche Grenze auch im Verhalten der Kinder ziehen, was ein deutliches Verbot mit einschließt, Hunde beim Fressen oder Schlafen zu stören, auch wenn heute vielfach die Meinung vertreten wird, dass der Mensch seinem Hund jederzeit sein Futter wieder wegnehmen können muss, um diesem seine Dominanz zu demonstrieren.

Weiter machte ich meine Kundin darauf aufmerksam, dass ein junger Hund bis zu zweiundzwanzig Stunden am Tag Ruhe benötigt. Dies unbedingt bei Rudis Erziehung berücksichtigt werden muss, auch wenn es mit der aufgeweckten Tochter schwierig werden kann.

Meine Kundin hatte mir schweigend zugehört und nun sah sie mich mit großen Augen an. Ihrer über alles geliebten Tochter Grenzen zu setzen und Regeln im Zusammenleben mit Rudi aufzustellen, schien ihr unangenehm zu sein. Ich hatte den Eindruck, dass aus ihrer Sicht ein Kind nur glücklich sein kann, wenn es mit grenzenloser Freiheit aufwächst.

In solchen Momenten wird mir bewusst, dass es an der Zeit ist zu deutlichen Worten zu greifen, damit meinen Kunden die Tragweite ihrer bisherigen Verhaltensweisen bewusst wird. Ich bat die junge Frau in sich zu gehen und den heutigen Tag nochmal zu überdenken. Sie hatte gesehen, wie schnell Rudi seine Grenzen akzeptiert und sich auch beruhigt hatte. Während meiner Anwesenheit hatte er nicht einmal nach der Tochter geschnappt oder ihr etwas aus der Hand genommen. Soll sich aber nur einer, in diesem Fall Rudi, an die Spielregeln halten müssen, sind Probleme vorprogrammiert. Ich machte meiner Kundin deutlich, dass, wenn sie auch weiterhin nicht bereit ist, sich ihrer Erziehungsverantwortung für Kind und Hund bewusst zu werden, sie über eine Trennung von Rudi nachdenken soll, bevor Schlimmeres passiert. Noch ist Rudi sehr jung und hat noch kein Verhalten erlernt, welches als Gefahr einzustufen ist. Er hat noch gute Chancen, ein neues Zuhause zu finden mit Menschen, die wissen wie man mit diesem klugen Kerl umgehen muss.

Die junge Frau sah mich entsetzt an und ihrem Blick konnte ich entnehmen, dass noch niemand so mit ihr geredet hatte. Es stellte sich mir die Frage, ob ich zu weit gegangen war.

Inmitten meiner Überlegung brach die junge Frau in Tränen aus und sie gestand mir, dass sie mit ihren Aufgaben nicht mehr zurechtkommt, dass sie mit Kind und Hund überfordert ist.

Sie hat den Hof zu versorgen, eine mittlerweile nicht mehr kontrollierbare Tochter und selbst der Hund macht was er will. Ihr Mann ist die Woche über auf Montage und kommt nur am Wochenende nach Hause. Dann aber will er sich erholen und von all ihren Problemen nichts wissen.

Zu allem Überfluss geht die Schwiegermutter wie selbstverständlich bei ihr ein und aus und mischt sich in alles ein. Nachdem es so aus ihr herausgesprudelt war, folgte ein langes Schluchzen und irgendwann hörte ich ein „ich kann nicht mehr."

Da hatte ich ja was angerichtet. Jetzt saß ich da mit einer in Tränen aufgelösten jungen Frau, einem wild herumtobenden Kind und einem Hund, der mich mit großen braunen Augen fragend ansah.

Während ich die Situation überblickte, folgte ich meinen Instinkten. Ich schickte Rudi auf seinen Platz, bat die Tochter auf ihr Zimmer zu gehen (dieser Bitte kam sie ohne Kommentar nach) und nahm die junge Frau tröstend in den Arm und ließ sie weinen.

Später, als sie den größten Kummer rausgeweint hatte, haben wir lange geredet und den Grundstein für einen neuen Weg im Leben dieser jungen Familie gelegt.

Noch heute haben wir freundschaftlichen Kontakt und ich bin beeindruckt, wie diese junge Frau ihr Leben und somit auch das ihrer Familie umgestellt hat.

Rudi ist mittlerweile ein ausgewachsener Hovawart und der Wächter, den sich die Familie gewünscht hat. Aus der wilden und ständig nein sagenden Tochter ist ein freundliches Mädchen geworden, das ihrer Mutter auch mal zur Hand geht. Sie ist ein Mädchen das gelernt hat, Rudi zu respektieren und seine Natur zu akzeptieren. Und auch die Schwiegermutter befolgt Regeln und Grenzen. Möchte sie zu Besuch kommen, muss sie sich vorher anmelden. Ist der erbetene Besuch nicht passend, traut sich die junge Frau auch Nein zu sagen.

Die Familie erweiterte sich um einen gesunden Jungen, dem bereits von Anfang an beigebracht wurde, sich Rudi mit dem gebotenen Respekt zu nähern.

Komme ich heute zu Besuch, erlebe ich eine ausgeglichene Familie, deren Mutter ihren Weg gefunden hat. Ich sehe eine Frau, die an ihren Aufgaben gewachsen ist und sich zu einer Führungspersönlichkeit entwickelt hat. Bei ihr finden Rudi und auch die beiden Kinder ihre Orientierung.

Und wieder fällt mir die Aussage meiner ehemaligen Seminarleiterin ein: „Weil wir mit den Menschen nicht arbeiten können, arbeiten wir mit den Hunden." Ich frage mich, ob sie jemals verstanden hat, worum es wirklich geht. Hundetraining ohne Menschentraining kann es nicht geben!

Besonders wenn ich zu Haushalten gerufen werde, in denen es Probleme im Zusammenleben von Kindern und Hunden gibt, muss ich feststellen, wie sehr sich die Sichtweise vieler Menschen auf unsere Hunde geändert hat.

Immer häufiger haben Hunde die Aufgabe, für die Kinder ein Spielkamerad oder auch der einzige Freund zu sein. Die Kinder können mit den Hunden machen was sie wollen, sie dürfen ihnen ihr Fressen geben und wieder nehmen, auf ihnen reiten, an Schwanz und Ohren ziehen und natürlich die Hunde dauerbespaßen.

Für viele Eltern bricht eine Welt zusammen, wenn diese malträtierten Hunde sich wehren und nach den Kindern schnappen.

Einen besonderen Fall habe ich erlebt, als ich eine Anfrage von einer Familie aus Schweden bekam. Wie so häufig wurde ich um Unterstützung gebeten, weil der Hund die jüngste Tochter erst vor kurzen in die Hand gebissen hat, die Eltern dies aber nicht verstehen konnten.

Ich buchte den nächsten Flug und fuhr mit einem Mietwagen weiter zu der Familie.

Als ich dort angekommen bin und aus dem Auto stieg, hörte ich die Mädchen bis draußen vergnügt kreischen, unterbrochen von mahnenden Worten der Eltern, um nach einer Sekunde der Ruhe die Kinder wieder wild schreien zu hören.

Mit diesem ersten Eindruck und einer Ahnung, was mich erwartete, klingelte ich an der Haustür.

Als die Tür geöffnet wurde, stand eine gepflegte und gut gekleidete Frau vor mir, die etwa in meinem Alter war. Ihren Gruß konnte ich kaum verstehen, er ging unter in dem wilden Getobe der Töchter.

Nachdem ich eingetreten war, wurde mein erster Eindruck bestätigt. Die drei Töchter spielten in dem großzügigen Haus Fangen, sie kreischten und quiekten und mittendrin in dem Getümmel befand sich ein sechs Monate alter Labrador. Dieser wurde in das wilde Spiel mit einbezogen und abwechselnd jagten die Kinder sich oder den Hund.

Die Eltern standen in der Küche und beobachteten das Geschehen aus der Ferne mit einem Lächeln im Gesicht und ich musste meine Gedanken zuerst sortieren. War das wirklich wahr?

Obwohl ich mir bereits einen Überblick verschaffen konnte, wollte ich mehr erfahren. Allerdings war ein Gespräch mit den Eltern aufgrund der Lautstärke kaum möglich und ich bat die Eltern, die Kinder ein wenig zu beruhigen, damit sie mir ihre Probleme schildern können.

Die Eltern baten die Kinder ein wenig leiser zu sein und den Hund endlich in Ruhe zu lassen. Für einige Minuten kamen die Töchter der Bitte ihrer Eltern nach und wir konnten uns unterhalten.

Ich erfuhr, dass ich um Hilfe gebeten wurde, da der junge Labrador das Nesthäkchen, die zweijährige Miriam, vor kurzem in die Hand gebissen hat und sie sich nun Sorgen um die Gesundheit der Kinder machen. Sie wollten einen Hund, der mit den Kindern spielt und nicht nach ihnen beißt. Sollte er dieses Verhalten nicht ablegen, sähen sie sich gezwungen, den jungen Labrador wieder abzugeben, da die Gefahr für die Kinder einfach zu groß sei. Weiter berichteten sie mir, dass sie sich vor der Anschaffung des Hundes gut informiert hatten und sich schließlich für einen Labrador entschieden haben. Diese Rasse sei bekannt dafür, sich gut als Familienhund zu eignen und besonders kinderlieb zu sein.

Während unseres Gesprächs beobachtete ich die Kinder. Mir fiel auf, dass sich Ole der Labrador in seine Box zurückgezogen hatte und dort ruhen wollte. Kaum waren dem Hund seine Augen zugefallen sah ich, wie sich die jüngste Tochter in die Box drängte und Ole an Ohren und Schwanz zog. Die Eltern bemerkten diese Szene ebenfalls, unternahmen allerdings nichts.

Was also sollte ich mit dem Hund arbeiten? Einem Hund, der von den Kindern fast schon rund um die Uhr malträtiert wurde und in seiner Verzweiflung nach der Hand der jüngsten Tochter geschnappt hat?

In dieser Familie stand mir einiges bevor und ich hatte leise Zweifel, ob ich hier die Eltern wirklich erreichen würde. Sie liebten ihre drei Töchter über alles, besonders das Nesthäkchen Miriam durfte machen was sie wollte. Miriam war zweifelsohne der Liebling ihrer Eltern und wusste, wie sie ihre Eltern um den Finger wickeln konnte. Einige Male haben die Eltern Miriam gebeten, leiser zu sein oder etwas nicht zu nehmen. Miriam hörte gar nicht hin, denn sie wusste, dass sie keine Konsequenzen zu befürchten hatte. Die Eltern bestätigten mir, dass sie ihrer kleinen Prinzessin keinen Wunsch ausschlagen können und ihr nicht wirklich etwas verbieten.

Was folgte war ein langes Gespräch, in dem ich versuchte, dem Ehepaar das Lebewesen Hund verständlich zu machen. Auch hier ging ich ausführlich auf das Ruhebedürfnis des Hundes ein. Ich machte ihnen deutlich, dass Hunde kein Spielzeug für Kinder sind. Dass die Kinder lernen müssen, einen Hund und seine Bedürfnisse zu respektieren. Und dass es die Verantwortung der Eltern ist dafür zu sorgen, dass auch die Kinder sich an gewisse Regeln halten. Nur so können Verletzungen vermieden werden.

Ich sagte ihnen, dass es ein mehr als deutliches Warnsignal gewesen ist, dass Ole bereits nach der jüngsten Tochter geschnappt hat. Aufgrund des Verhaltens ihrer Kinder stand dieser junge Hund unter enormen Stress und das hat er in diesem Moment zum Ausdruck gebracht.

Die Eltern sagten kein Wort und ich war mir nicht sicher, ob sie wirklich verstanden was ich ihnen gesagt hatte. Eine Entschlossenheit zur Veränderung jedenfalls sah ich in ihren Gesichtern nicht.

So entschied ich mich für eine Zwischenlösung. Ich schlug den Eltern vor, für Ole eine Rückzugsmöglichkeit zu schaffen, bei der es auch der quirligen jüngsten Tochter nicht möglich war, Ole zu stören. Nochmal bat ich die Eltern eindringlich, den Hund vor den Kindern zu schützen und ihn nicht als lebendiges Spielzeug zu betrachten. Sollten sie dazu nicht bereit sein, wird es unweigerlich zu weiteren und auch schweren Verletzungen kommen. Wie auch sonst soll Ole sich wehren, wenn er bis zur Erschöpfung gejagt und geärgert wird? Die Eltern zeigten sich nun doch einsichtig und sie baten die Kinder zu uns an den Tisch, damit sie an unserem Gespräch teilhaben konnten.

Nachdem nun die Eltern und auch ich den Kindern erklärt hatten, dass Ole zwischendurch seine Ruhe braucht und sie nicht den ganzen Tag mit ihm spielen sollen, gelobten die zwei größeren Töchter Besserung. Das Nesthäkchen aber brach in Tränen aus. Sie wollte mit Ole spielen wann immer ihr danach war. Die Eltern redeten ruhig auf sie ein und versuchten ihr zu erklären, dass sie doch so viel Spielzeug hat und Ole auch mal in Ruhe lassen muss. Doch es war offensichtlich, dass ihre Worte nicht auf fruchtbaren Boden fielen und die Eltern auch nicht in der Lage waren, ihren Worten die gebotene Dringlichkeit zukommen zu lassen.

Damit den Eltern die Qual des Aussprechens eines Verbotes erspart bleibt, haben wir einen Rückzugsort für Ole gesucht und so gesichert, dass die Töchter diesen nicht betreten konnten. Ole hat sich sofort dort hineinbegeben und die restliche Zeit meiner Anwesenheit geschlafen. Dieser kleine Kerl war fix und fertig und mit seiner Situation hoffnungslos überfordert. Diese Dauerbespaßung der Kinder konnte er nicht leisten, das ist keine Aufgabe für einen Hund.

Doch Miriam nutzte jeden unbeobachteten Moment und versuchte immer wieder zu Ole zu gelangen. Den Eltern fiel es sichtlich schwer, ihre Tochter von ihrem Vorhaben abzuhalten. Immer wieder erklärten sie Miriam zu, warum sie das jetzt nicht tun soll und dass Ole doch jetzt schlafen muss.

Mir war klar, dass die Eltern sich bei Miriam nicht durchsetzen konnten und auch nicht wollten, dass es nur eine Frage der Zeit war, bis sie Ole wieder bestürmen durfte.

Es war offensichtlich, dass die Eltern nach dem Stil von „Laisserfaire" erziehen, also gar nicht, und dass es so gut wie unmöglich sein wird, ihre Einstellung zu ändern. Nach wie vor waren sie von Ole enttäuscht, weil er ihre Prinzessin verletzt hatte. Dass ihre Tochter und somit sie nicht ganz unschuldig an dieser Situation waren, kam ihnen immer noch nicht in den Sinn. Mir wurde bewusst, dass ich dieses Ehepaar mit meinen Worten nicht erreichen kann und sich auch nichts verändern wird.

Einige Wochen später habe ich eine Mitteilung bekommen, in der es nur knapp hieß, dass Ole in ein Tierheim gebracht wurde. Er hat die kleine Tochter während eines harmlosen Spiels in die Hand gebissen und eine blutende Wunde verursacht. Die Tochter hatte nach diesem Vorfall Angst vor Ole und aus diesem Grund musste man sich schweren Herzens von ihm trennen.

Dies sind nur zwei von unzähligen Beispielen, die ich fast täglich in meiner Arbeit erlebe und ich machte mir Gedanken, wie ich eine Änderung, vor allem bei den Kindern, herbeiführen kann.

Kinder lernen heute kaum noch den richtigen Umgang mit Hunden. Ihnen wird nicht mehr vermittelt, dass diese Lebewesen ihre eigenen und ganz andere Bedürfnisse haben als Menschen. Hunde werden häufig für die Kinder angeschafft, für Kinder, die vor Spielkonsolen vereinsamen und nur noch wenig soziales Verhalten von den Eltern lernen. Denen Werte wie Rücksicht und Respekt völlig fremd sind und die zu kleinen Egomanen heranreifen, unter dem Auge der Erziehungsberechtigten.

So habe ich überlegt, welchen Teil ich leisten kann, damit bei den Kindern wieder das Verständnis für das Wesen Hund reifen kann.

Nach einigen Überlegungen, Konzepten und wieder Verwerfen dieser Ideen fiel es mir wie Schuppen von den Augen: die Kinder müssen in die Hundeschule!

Die Kinderhundeschule

Die Beispiele in dem vorangegangenen Kapitel haben deutlich gezeigt, wo das eigentliche Problem im Zusammenleben von Kindern und Hunden liegt. Es sind die Eltern, die ihre Verantwortung und auch ihre Führungsaufgabe abgegeben haben, abgegeben an Kitas, Schulen und die Gesellschaft. Bei meinen Hausbesuchen beobachte ich sehr häufig, dass den Kindern zwar etwas erklärt wird und sie gebeten werwerden, es aber kaum noch eine klare Ansage gibt. Es verwundert daher nicht, dass auch die Kinder immer mehr aus dem Lot geraten und mit den ihnen überlassenen Entscheidungen mehr und mehr überfordert sind. Dass immer mehr Kinder verhaltensauffällig werden, hat häufig in dieser Führungs- und Orientierungslosigkeit ihre Ursache.

Viele Eltern suchen Unterstützung für ihre überdrehten Kinder, die sie irgendwann nicht mehr erreichen, bei den Hunden. Die Hunde sollen den Kindern zu sozialem Verhalten verhelfen und ihnen eine Struktur geben. Aus diesem Grund werden Welpen gekauft, die sich besonders gut als Familienhunde eigenen sollen, und den Kindern auf den Schoß gesetzt, in der Hoffnung, dass nun alles besser wird. Was nicht dazu geliefert wird ist den Kindern das notwendige Wissen über Hunde zu vermitteln, sie in die Verhaltensweisen und in die

Kommunikation der Hunde einzuführen und ihnen auch die Bedürfnisse der Hunde näher zu bringen.

Es ist nicht wirklich überraschend, dass nach offiziellen Angaben jedes Jahr ungefähr 80.000 Kinder von Hunden verletzt werden. Nicht, wie man meinen möchte, von irgendwelchen unerzogenen fremden Hunden, sondern in zwei Drittel aller Fälle vom eigenen Familienhund oder einem bekannten Hund.

Bei dieser erschreckenden Zahl, die lediglich auf den gemeldeten Verletzungen basiert, kann ein dringender Handlungsbedarf nicht mehr geleugnet werden. Kinder brauchen Wissen und auch Werkzeuge an die Hand, damit sich diese enorm vielen Beißattacken wieder verringern können.

Durch meine in den Familien gesammelten Erfahrungen, habe ich mittlerweile den Eindruck, dass Kinder und Hunde zwar in einer Familie aber doch in zwei Welten leben. Wenn ich an meine Kindheit zurückdenke und was ich von meinen Eltern gelernt habe, so fällt mir auf Anhieb Respekt ein. Respekt gegenüber seinen Mitmenschen aber auch Respekt gegenüber Tieren. Hunde gehörten zum Alltag, sie waren einfach da und niemand kam auf die Idee, stundenlang mit ihnen zu spielen oder sie, wie auch immer, artgerecht auszulasten. Wir Kinder haben noch mit anderen Kindern gespielt und dadurch auch soziale Fähigkeiten gelernt. Die Technik war noch nicht so weit fortgeschritten und wir hatten keine Gelegenheit vor Spielkonsolen oder Handys in einer digitalen Welt zu vereinsamen.

Und heute?

Unsere Lebensweise hat sich durch die immer weiter fortschreitende Industriealisierung und der einhergehenden Urbanisierung stark verändert und damit auch der Stellenwert unserer Hunde. Heute sind sie Familienmitglieder, bester Freund, Seelentröster oder auch Spielkamerad – besonders für die Kinder.

Die Erwartungen vieler Eltern an die Hunde sind dementsprechend hoch: sie sollen kinderlieb, verschmust, zutraulich, sanftmütig und natürlich ohne jegliche Aggressionen sein.

Und die Erwartungen an die Kinder? Meist keine!

Ich werde häufig von besorgten Eltern um Unterstützung gebeten, weil der Hund sich nicht rund um die Uhr von den Sprößlingen betatschen lässt, das Kind anknurrt oder bereits gebissen hat. Was ich dann häufig vor Ort erlebe, entsetzt mich einfach nur. Den Kindern fehlt meist jeglicher Respekt vor den Hunden. Sie ziehen Hunde am Schwanz, drücken ihnen unentwegt Küsse auf die kalte Schnauze, nehmen ihnen das Futter oder Spielzeug weg oder meinen auf Hunden reiten zu können. Nicht nur einmal habe mit ansehen müssen, dass Kinder mit Steinen nach dem Familienhund geworfen haben und das Aufjaulen des getroffenen Hundes belacht haben. Viele Eltern lachen mit und freuen sich, dass ihre Kinder so viel Freude haben.

Zieht sich der Hund dann zurück, um sich seine wohlverdiente Ruhe zu gönnen, wird er auf seinem Schlafplatz weiter geärgert. Mich erstaunt immer wieder, wie hoch bei vielen Hunden die Toleranzgrenze ist und ich kann nur froh sein, dass noch nichts Ernsthaftes geschehen ist. Aus diesen vielen Erlebnissen und auch aus meiner Erfahrung heraus, war mir klar, dass dringender Handlungsbedarf besteht. Meine Zielsetzung vor Augen, wollte ich den Kindern die Welt der Hunde näherbringen, sie in die Verhaltensweisen der Hunde einführen und auch über deren Bedürfnisse aufklären. Keinesfalls aber sollten die Kinder zukünftig Angst vor Hunden haben, sie sollten lernen diese wunderbaren Wesen zu respektieren.
Mit dieser Motivation erarbeitete ich ein Konzept, wie Kinder spielerisch aber auch mit der notwendigen Ernsthaftigkeit, grundsätzliches über Hunde lernen können.

Für mich gibt es in unserem Bildungssystem einen eklatanten Fehler. Es werden in einer Schulklasse bis zu dreißig oder gar mehr Kinder zusammengeführt, die alle in derselben Zeit das gleiche lernen sollen.

Unberücksichtigt bleibt hierbei, dass diese Kinder verschiedene Stärken, Schwächen und Kompetenzen haben. Dieses System nimmt wissentlich in Kauf, dass einige Kinder an den ihnen gestellten Aufgaben scheitern werden, während andere Kinder völlig unterfordert sind und deren Potential verloren geht.

Diesen Fehler wollte ich vermeiden und begrenzte die Zahl der teilnehmenden Kinder pro Kurs auf höchstens fünf. Mit dieser überschaubaren Anzahl an Kindern war für mich sichergestellt, dass auch genügend Raum für mich war, um auf die unterforderten aber auch auf die überforderten Kinder eingehen zu können.
Der erste Kurs meiner Kinderhundeschule war schnell ausgebucht. Ich muss zugeben, dass ich vor dem Start aufgeregt war und mich fragte, ob mein Konzept auch wirklich kindgerecht war, ob die Kinder es auch annehmen und auch die notwendige Motivation mitbringen würden, oder ob sie nur von den Eltern geschickt wurden?

Meine Zweifel stellten sich als völlig unbegründet heraus. Bereits die erste Stunde war ein voller Erfolg und ich war überrascht, mit welch großem Eifer und auch Wissbegierigkeit die Kinder an diesem Kurs teilnahmen. Zu Beginn eines jeden Kurses stelle ich den Kindern eine Frage: „Was fällt euch ein, wenn ihr einen Hund seht?" Die Antworten überraschen kaum, fast einstimmig antworten die Kinder: lieb, süß, kuschelig, spielen und streicheln. Und so manches Kind berichtet mir, dass es keine Freunde hat und der Hund der einzige Gefährte ist.

Für die Kinder gibt es viel zu lernen und so manches Mal blicke ich in große Augen, wenn ich sie über die Bedürfnisse der Hunde aufkläre. Vieles wussten sie einfach nicht, da es ihnen nie vermittelt wurde.

Damit es aber nicht nur bei der trockenen Theorie für die Kinder bleibt, dürfen meine Hunde mich in der Kinderhundeschule unterstützen. Meine Hunde sind an Kinder gewöhnt und die Kinder haben vorab das notwendige Grundwissen über Hunde von mir vermittelt bekommen. Trotz alledem habe ich stets ein wachsames Auge auf die Kinder und meine Hunde. Ganz dem Grundsatz entsprechend, dass man Kinder und Hunde niemals unbeaufsichtigt lassen darf, um rechtzeitig einschreiten zu können, sollten sich Probleme bemerkbar machen.

So üben wir mit meinen Hunden auch den praktischen Umgang und die Umsetzung des vorab Erlernten. Mit Hilfe meiner Hunde kann ich den Kindern die Ausdrucks- und Verhaltensweise der Hunde in der Realität näherbringen. Vor allem auch die Kinder anleiten, wie sie sich richtig und respektvoll einem fremden Hund nähern dürfen.

Wichtig ist mir dabei, den Kindern zu zeigen, wann sie besser Abstand zu einem Hund halten, auch dann, wenn der Besitzer gesagt hat, dass sie den Hund streicheln dürfen.

Am Ende der dreitägigen Kinderhundeschule lasse ich die Kinder einen kleinen Test absolvieren und bei Bestehen (ein Durchfallen ist fast nicht möglich) bekommen die Kinder eine Urkunde über die Teilnahme von mir ausgehändigt.

Nachdem viele Kinder mir berichtet haben, dass ihre Eltern vieles nicht über Hunde wissen, habe ich mein Konzept ein wenig umgestellt. Am letzten Tag kommen die Eltern mit in die Schule, allerdings werden sie in dieser Stunde von ihren Kindern unterrichtet. Dies gibt den Kindern eine extra Portion Motivation und auch Selbstvertrauen. Können sie doch ihren Eltern etwas beibringen und legen so den Grundstein, um gemeinsam einen neuen Weg im Zusammenleben von Mensch und Hund beschreiten zu können.

Von vielen Kindern, aber auch Eltern bekomme ich regelmäßig Post, die mich darin bestätigt und bestärkt diesen Weg fortzuführen. Kinder berichten mir voller Stolz, dass sie einem knurrenden Hund aus dem Weg gegangen sind oder ihre Angst vor Hunden vollends abgelegt haben.

Von Eltern bekomme ich die freudige Rückmeldung, dass das Zusammenleben zuhause nun um einiges entspannter abläuft und sie auch mal einen Rüffel von ihren Kindern bekommen, wenn sie sich nicht an die Regeln halten.

Kinder und Hunde – ein Thema das mir sehr am Herzen liegt!

Die Menschenschule

Es war ein trüber Novembermorgen und bevor ich mich auf den Weg zu meinem ersten Termin machte, rief ich meine Emails ab. Darunter war eine Mail, die mir sofort ins Auge fiel, ich aber mit dem Inhalt zunächst nichts anfangen konnte, aus der sich aber später eine Freundschaft entwickeln sollte.

In dieser Nachricht wurden mir ausführlich die Probleme einer Familie mit ihrem Herdenschutzhund erläutert und ich nahm mir die Zeit, diese lange Mail aufmerksam zu lesen.

Für mich war das Geschilderte fast schon Alltag, für die Familie aber wurde das Verhalten ihres Hundes zu einem echten Problem.

Naldo, so der Name des Hundes, bewachte mittlerweile das Haus der Familie und hinderte Besucher mit aller Ernsthaftigkeit daran, dieses zu betreten. Damit Menschen, die nicht zur Familie gehören, die Familie besuchen können, muss Naldo während der Anwesenheit von Besuchern separiert werden. Mir wurde weiter berichtet, dass Naldo Besucher bereits gebissen hat, wenn sie seine Warnungen mißachtet haben. Manchmal war es möglich, Naldo bei Besuch zu beruhigen, dann allerdings durften sich die Besucher im Haus nicht mehr bewegen, sondern mussten ruhig auf ihren Stühlen sitzen bleiben.

Für die Familie war die Situation sehr schwierig und sie wussten nicht, wie sie mit dem Verhalten ihres Herdenschutzhundes umgehen sollten. Ich erfuhr weiter, dass die Familie im Internet auf mich aufmerksam geworden ist, da auch ich Herdenschutzhunde habe und mit diesen arbeite. Am Ende der Mail wurde angefragt, ob ich nicht ein passendes Seminar für die Familie anbieten kann.

Da ich sehr viele Anfragen per E-mail bekomme, habe ich gelernt, auch zwischen den Zeilen zu lesen. Ich habe die Nachricht einige Male gelesen, aber richtig schlau wurde ich aus den Worten nicht. Ich fragte mich, was mir die Absenderin wirklich mitteilen wollte.

Aufgrund der Ausführungen war mir klar, dass die Teilnahme an einem meiner Seminare bei ihren Problemen nicht weiterhelfen kann, da lag mehr im Argen.

Also entschloss ich mich, der Absenderin eine Absage zu erteilen. In diesem Jahr hatte ich kein entsprechendes Seminar anzubieten und selbst wenn, hätte es für sie keine Lösung gebracht. Für mich ist stets entscheidend, dass ich Mensch und Hund bei ihren Problemen weiterhelfen kann. Das sah ich in diesem Fall nicht, weder mit einem Seminar geschweige denn mit Tipps und Tricks aus der Ferne.

Dies teilte ich der Familie mit und nach einigen Tagen dachte ich nicht mehr an diese E-mail.

Doch ich hatte nicht mit der Hartnäckigkeit von Ramona gerechnet. Einige Zeit später bekam ich eine erneute E-mail von ihr, der einige Fotos von ihrem Hund und auch von ihr angefügt waren und mir wurde bewusst, dass sie dringend Unterstützung brauchte. In der Regel arbeite ich dort, wo die Schwierigkeiten in der Mensch-Hund-Beziehung auftreten, bei den Familien vor Ort. Hier jedoch sagte mir mein Gefühl, dass es besser wäre, wenn Ramona fernab ihres Zuhauses und fernab von Naldos Revier zur Ruhe kommen und neu mit Naldo starten kann.

Wir vereinbarten ein mehrtägiges Training bei mir und ich war gespannt, wer sich hinter den Mails verbarg.

Als Ramona an dem vereinbarten Freitagmorgen bei mir eintraf und ich sie und ihren Naldo begrüßte, kamen mir ihre Mails in Erinnerung. Meine Intuition hatte mich nicht getäuscht, mit dem Hund gab es keine Probleme.

Naldo war ein stolzer Pyrenäenberghund und doch ein sehr unsicherer Bursche. Als ich mich ihm nähern wollte wich er zurück und signalisierte mir sehr deutlich, dass ich Abstand halten sollte. Ich respektierte seine Aufforderung und hielt den gebotenen Abstand ein. Hätte ich seine Warnung mißachtet wäre ich gebissen worden, da war ich mir sicher. Zu deutlich war seine Kommunikation.

Unsere Arbeit begannen wir in meinem Seminarhaus und mir fiel sofort auf, dass sich Naldo fernab seines Frauchens in die hinterste Ecke des Büros zurückgezogen hatte. Dass ein derart unsicherer Hund in dieser fremden Umgebung nicht die Nähe seines Menschen sucht, war für mich sehr aussagekräftig.

Während unseres Gesprächs bemerkte ich, dass sich im Leben von Ramona alles um Naldo drehte. Mehr und mehr kristallisierte sich heraus, dass es seine Aufgabe war, eine große Lücke in Ramonas Leben zu schließen. Für diesen unsicheren Rüden, auch wenn er körperlich noch so imposant erscheint, ist das eine nicht zu erfüllende Aufgabe und eine Verantwortung, die ihn nur überfordern kann. Auf seine ganz eigene Art und Weise teilte er dies seinen Menschen mit. Er bellte, verbellte und zuletzt biss er auch, doch er blieb unverstanden.

Meine Arbeit mit Ramona war fernab jeglichen Hundetrainings, wie man es sich vorstellt. Wir haben sehr sehr viel geredet und nach und nach kam das eigentliche Problem von Ramona zum Vorschein. Es war ihre Lebenssituation.

Sie war viele Jahre Hausfrau und Mutter und diese Aufgaben füllten sie vollständig aus. Doch die Kinder waren mittlerweile erwachsen und gingen ihre eigenen Wege. Was blieb war eine große Leere, die Naldo nun füllen sollte.

Naldo hat mich wirklich sehr fasziniert. Selten sehe ich einen Hund, der derart sensibel auf seinen Menschen reagiert und so deutlich in seiner Kommunikation ist. Naldo hielt sich den ganzen Tag in seiner Ecke auf und machte keine Anstalten, sich seinem Frauchen auch nur einen Schritt zu nähern. Ich muss dazu sagen, dass Ramona durch unser Gespräch sehr aufgewühlt war und dieser sensible Herdenschutzhund dies sofort gespürt hat und entschied, sein Leben nicht in die Hände einer Frau zu legen, die vollkommen aus ihrem Gleichgewicht geraten war.

Dieser Tag endete für Ramona mit vielen Tränen aber auch Erkenntnissen, so hatte sie sich und ihr Leben noch nicht betrachtet.

Als Hausaufgabe gab ich ihr mit auf dem Weg, über unser Gespräch nachzudenken und sich intensiv mit diesem Tag auseinanderzusetzen.

Am späten Nachmittag verabschiedete ich Ramona und beobachtete, wie Naldo ihr folgte, langsam, zögernd und sehr verunsichert.

Als Ramona am nächsten Vormittag zur verabredeten Zeit auf meinen Hof fuhr, beobachtete ich ihre Ankunft und was ich sah überraschte mich. Aus dem Auto stieg eine andere Frau. Ramonas Haltung und ihre Ausstrahlung waren mit denen des Vortages nicht zu vergleichen und aus der Hundebox stieg ein veränderter Naldo. Mich beäugte er zwar immer noch mißtrauisch, doch er blieb bei seinem Frauchen.

Ramona berichtete mir, dass sie nach unserem Gespräch noch einen langen Spaziergang mit Naldo unternommen hatte, dabei viel nachgedacht hatte und ihr so manches bewusst geworden war. Abends im Zimmer bereits bemerkte sie eine Wandlung bei Naldo, er suchte ihre Nähe und verbrachte auch in ihrer Nähe die Nacht. Zu dieser Zeit ahnten wir noch nicht, was dieser Tag noch bringen würde.

Zu Beginn des zweiten Tages lag Naldo bei Ramona, doch als wir begannen, uns weiter mit Ramona und ihrem Leben auseinander zu setzen und auf die Erkenntnisse des Vortages tiefer einzugehen, brach Ramona einige Male in Tränen aus und Naldo zog sich sofort in seine Ecke zurück. In diesen schwachen Momenten seines Frauchens wollte Naldo nur weit weg und ich bat Ramona, die Entscheidung Naldos zu respektieren.

Wenn ein Hund jegliches Vertrauen in seinen Menschen verloren hat, kann man dieses Vertrauen nicht zurück erzwingen, man muss es sich langsam wieder verdienen. Im Umgang mit Naldo war besonders viel Einfühlungsvermögen erforderlich.

An diesem zweiten Tag haben wir sehr viel in Ramonas Leben aufgearbeitet und so manches war emotional. Nachdem ich bemerkte, wie sich Ramona von Minute zu Minute verändert hat, bat ich sie zu

Naldo zu gehen und ihn zu uns zu führen. Naldo folgter diese Einladung sofort und nahm seinen Platz bei uns ein. Er machte keine Anstalten mehr, in seine Ecke flüchten zu wollen. Nach diesem zweiten Tag waren die Weichen für Ramona und Naldo für eine neue Beziehung gestellt.

Am dritten Tag dann ging es tatsächlich um den Hund und auch um die Besonderheiten eines Herdenschutzhundes. Ramona hatte mir berichtet, dass Gassigehen mit Naldo schwierig ist und er die Leine nicht akzeptiert. Aus diesem Grund setzte ich den Schwerpunkt unserer Arbeit auf die Leinenführigkeit. Durch sein verwandeltes Frauchen nahm Naldo ihre Führung recht schnell an und der abschließende Gassigang verlief bereits recht ordentlich.

Nun galt es noch ein großes Problem anzugehen. Naldos Verhalten, wenn Besucher kommen.

Zur Unterstützung bat ich einen jungen Mann, uns bei unserer Arbeit zu helfen. Kaum hatte er mein Grundstück betreten, warnte Naldo meinen Besucher sehr deutlich und ich bat den jungen Mann sich nicht weiter zu bewegen. Ich hatte mit dieser Reaktion gerechnet und war daher besonders aufmerksam. So konnte ich Ramona sehr gut die Lage erklären und auch, wie sie die Situation übernehmen, den Raum beanspruchen und Naldo auf Distanz halten kann.

Diese Arbeit forderte Ramona nochmal heraus, musste sie doch einiges an ihrer bisherigen Vorgehensweise ändern. Sie musste lernen, dass man mit diesen eigenständigen Hunden nur zum Ziel kommt, wenn man ihre Natur versteht und mit dieser arbeitet, anstatt gegen sie. Herdenschutzhunde wurden gezüchtet, um selbstständig zu arbeiten und auch Entscheidungen zu treffen. Einen „will to please" haben die wenigsten Herdenschutzhunde und sie überlegen durchaus, ob es Sinn macht, einem Kommando folge zu leisten. Es sind besondere Hunde, die viele Menschen an ihre Grenzen bringen und vermehrt werden sie in Tierheimen abgegeben. Weiß man aber mit ihnen umzugehen und lernt man, ihre Besonderheiten zu verstehen, kann man an diesen Hunden wachsen und viel lernen, auch über sich. So erging es auch Ramona. Dank Naldo hat sie sich und ihr Leben von Grund auf überdacht, so manches über Bord geworfen und längst fällige Entscheidungen getroffen.

Dass ihr nun noch ein langer Weg bevor stand war klar, auch dass sie um Veränderungen nicht mehr herumkommen würde. Ich habe Ramona mit auf den Weg gegeben, dass sie auf Naldo achten soll. Er wird ihr zeigen, wenn sie von ihrem neuen Weg abkommt und ihr helfen, auf diesen zurückzukehren.

Nachdem Ramona abgereist war, blieben wir in Kontakt und Ramona berichtete mir von ihren Erfolgen. Manchmal waren es nur kleine, manchmal aber auch große.

Eines Tages schickte sie mir ein Bild auf dem zu sehen war, dass Naldo sich wieder von ihr entfernt hatte. Ich fragte sie, was denn los sei und sie antwortete, dass sie sehr stark am Grübeln ist. Kurz darauf bekam ich ein zweites Bild zugeschickt und ich sah, dass Naldo bei seinem Frauchen lag und wieder fragte ich, was los ist und die Antwort überraschte mich nicht wirklich: „Ich habe aufgehört zu grübeln."

Seit dem Besuch bei mir, hat sich Ramonas Leben sehr verändert. Sie hat sich mit einer kleinen Manufaktur selbstständig gemacht und ihre Kundschaft wächst stetig. Mit Naldo läuft es gut, auch wenn es hier und da noch an einigen Stellen ein wenig hapert.

Dieses Beispiel zeigt sehr deutlich, dass Hundetraining genau genommen Menschentraining ist, denn ohne diesen geht es nicht.
Als Hundetrainer*in muss man seinen Kunden und Kundinnen zuhören und ihre Ängste, Sorgen und auch Probleme ernst nehmen. Nur so kann man die wahren Ursachen erkennen und diese auch benennen, ohne Angst zu schüren oder gar den Zeigefinger zu erheben. Seinen Kunden und Kundinnen gegenüber muss man ehrlich sein, bei dem Einen ganz direkt und bei einem anderen in schöne Worte verpackt.
Hundetraining beginnt mit ihren Menschen.

Oskar möchte das nicht

Oskar, ein dreijähriger reinrassiger Mudi, wurde aus Ungarn nach Deutschland vermittelt. Allerdings zu Familien, die mit diesem Hirtenhund offenbar überfordert waren.

Meine Kundin entdeckte Oskar in einem Tierheim und verliebte sich sofort in diesen verzottelten Burschen. Im Tierheim wurde ihr vor der Übernahme mitgeteilt, dass sie nun die achte Besitzerin dieses Hundes sein wird und Oskar auch zu Aggressionen neigt.

Frau Kempf war hundeerfahren und hatte bereits einen älteren Schäferhundmix bei sich, mit dem es keinerlei Probleme gab. Frau Kempf war optimistisch, dass sie auch mit Oskar klarkommen wird. Diese Zuversicht wich aber schnell der Realität, denn Oskar zeigte schnell wer er wirklich war.

Oskar war ein Freigeist und offensichtlich gewohnt, draußen zu leben und selbstständig zu arbeiten. Wie mir Frau Kempf berichtete dreht Oskar durch, sobald sie das Haus verlassen will. Er bellt ohne Unterlass und zerstört bei ihrer Abwesenheit das Mobilar. Er springt auf die Küchenzeile und frisst oder zerbeißt alles, was er dort finden kann. In seinem Freiheitsdrang ramponiert Oskar Türen und Fenster. Mehrmals hat er es bereits geschafft, die Tür zu öffnen und nach draußen zu gelangen.

Um Oskar einen Gefallen zu tun entschied Frau Kempf, ihn die meiste Zeit des Tages draußen zu lassen. Sie wollte, dass er glücklich war. Damit Oskar aus dem Garten nicht entkommen kann, hat sie das komplette Grundstück einzäunen lassen. Ganz seinem Naturell entsprechend ging Oskar draußen schnell dazu über, das Haus und alles was er zu seinem Territorium zählte, zu bewachen, zu beschützen und alles zu vertreiben, was sich in dessen Nähe auch nur ansatzweise bewegt.

Als ich um Hilfe gebeten wurde, konnte Frau Kempf keinen Besuch mehr empfangen und auch die Familie weigerte sich, Frau Kempf zu besuchen. Zu groß war deren Angst vor diesem aggressiven Hund.

Als ich das erste Mal zu Frau Kemp kam, war mir klar, dass Oskar außerhalb jeglicher Kontrolle war. Er hatte Haus und Hof übernommen und ich war mir der Schwierigkeit dieser Aufgabe schnell bewusst. Ich musste mit einer einsamen Frau arbeiten, die sich unsterblich in diesen Hund verliebt hatte und für mahnende Worte kaum empfänglich war. Oskar war ihr ein und alles.

Nachdem mir Frau Kempf ihre Geschichte geschildert und ich einen ersten Eindruck hatte, wollte ich mir Oskar ansehen. Dieser lief im Garten laut bellend hin und her. Ich näherte mich der geschlossenen Terassentür und in diesem Moment kam er sofort mit gefletschten Zähnen auf mich zugestürmt. Er sprang gegen die geschlossene

Glastür und ich war mir sicher, ohne diese schützende Tür hätte mich dieser Hund an der Kehle gepackt.

Mehrere Male habe ich versucht, in den Garten zu gelangen, doch ein Hund der deutlich signalisiert, dass er zum Angriff bereit ist, hielt mich davon ab. Ich fragte Frau Kempf, warum sie Oskar keinen Maulkorb umlegt, wenn sie Besuch erwartet. Die Antwort verschlug mir die Sprache: „Oskar möchte keinen Maulkorb, er fühlt sich damit nicht wohl." Hatte ich richtig gehört? Oskar möchte keinen Maulkorb?

So dauerte es über eine Stunde, bis ich mich Oskar nähern konnte, ohne in Lebensgefahr zu geraten. Ich fragte Frau Kempf nach einem Maulkorb, damit ich mit meiner Arbeit beginnen konnte, ohne Verletzungen zu riskieren. Frau Kempf fühlte sich sichtlich unwohl und holte nur sehr zögerlich den Maulkorb. Ich war erstaunt, dass sie überhaupt einen besaß.

Sie kam aber meiner Bitte nach, Oskar den Maulkorb umzulegen. Kaum hatte Oskar den Maulkorb um, beruhigte er sich umgehend. Er machte keinerlei Anzeichen eines Unwohlseins oder versuchte gar, den ungewollten Maulkorb abzustreifen, offensichtlich war er bereits daran gewöhnt.

Im Haus fiel mir auf, dass es für die Hunde keinerlei Struktur gab und Oskar auch hier bewachte und beschützte, sein Haus und sein Frauchen. Ich zeigte Frau Kempf, wie sie ihren Hunden Orientierung geben kann und dass sie dazu Regeln aufstellen muss, an die sich die Hunde auch zu halten haben. So wies ich Oskar einen festen Platz zu und nach kurzer Zeit fiel er in einen tiefen Schlaf. Es war offensichtlich, wie gestresst dieser Hund aufgrund seiner Führungslosigkeit war und dies machte ich Frau Kempf auch deutlich. Frau Kempf war sichtlich verwundert, dass Oskar zur Ruhe kam. Jedoch hatte ich den Eindruck, dass Oskar ihr leid tat, weil er nicht tun und lassen konnte was er wollte. Dass er seinem Ruhebedürfnis nachkam, sah Frau Kempf nicht. Nachdem Oskar sich beruhigt hatte, bat ich die Familie, die ganz in der Nähe wohnte, zu Besuch zu kommen. Siehe da, Oskar hob beim Eintreten des Besuchs den Kopf, musterte die Leute interessiert, aber er blieb liegen und schlief wieder ein.

Dieses wiederholten wir einige Male, bis Oskar auf den Besuch nicht mehr reagierte. Frau Kempf zeigte sich sehr über Oskars Verhaltensänderung überrascht. Hatte er doch in der Vergangenheit bereits Familienmitglieder gebissen.

Beim Abschied bat ich Frau Kempf eindringlich, an diesem Konzept weiter zu arbeiten und konsequent umzusetzen, damit sich Oskars Verhalten dauerhaft verändern kann und auch, um seinen Stress zu lindern.

Frau Kempf sagte mir dies zu und wir verabredeten einen weiteren Termin.

Als ich zum zweiten Mal bei Frau Kempf eintraf, glaubte ich meinen Augen nicht zu trauen. Oskar war wieder alleine draußen und außer Rand und Band. Es war offensichtlich, dass er wieder ganz in seinem alten Verhalten war.

Abermals wollte Oskar mich durch die geschlossene Terassentür angreifen und wieder dauerte es fast eine Stunde, bis eine Annäherung möglich war.

Auf meine Frage, warum Oskar wieder alleine draußen war antwortete Frau Kempf, dass sie versucht hatte das Erlernte umzusetzen, aber an Oskars Willen gescheitert sei. Nach ihrer Aussage wollte Oskar nicht auf seinem Platz, sondern in ihrer Nähe bleiben und so hat sie ihn gelassen. Auch ist es ihr schwer gefallen Oskar während ihrer Abwesenheit im Haus zu lassen, da er das nicht wollte und sehr gelitten hat. Deshalb hat sie ihn wieder in den Garten gelassen.

Ich fragte sie, ob sie denn mit ihrer Familie weiterhin gearbeitet hat und leider verneinte sie auch dies. Da Oskar den Maulkorb nicht wollte, hat sich die Familie geweigert, sie zu besuchen und mittlerweile bekommt sie gar keinen Besuch mehr, wegen Oskar.

Ich musste tief durchatmen und wir fingen nochmal von vorne an. Regeln und Grenzen und vor allem den Maulkorb für Oskar. Abermals ließ er sich diesen ohne Probleme umlegen und wieder war eine deutliche Entspannung bei Oskar zu spüren, er legte sich auf seinen zugewiesenen Platz und schlief ein.

Ich bat Frau Kempf eindringlich, mit Oskar zu arbeiten und ihm auch seine Grenzen aufzuzeigen und fragte sie, ob es nicht vielmehr sie sei, die keinen Maulkorb für Oskar möchte. Dies bejahte Frau Kempf mit dem Hinweis, dass sie an seinem Gesicht sehr deutlich erkennen könne, dass Oskar sich mit dem Maulkorb unwohl fühlt.

Nun wählte ich deutliche Worte und sagte ihr, dass ihre Zukunft sehr einsam sein wird, wenn sie nicht endlich zur Vernunft kommt und mit Oskar arbeitet, vor allem aber ihm einen Maulkorb aufsetzt. Ich wollte wissen, wieviel Menschen er noch verletzen muss, bis sie einsehen kann, dass dieser Hund durchaus Potential hat und schnell als gefährlicher Hund eingestuft werden kann.

Ich war mir nicht sicher, ob Frau Kempf überhaupt eine Ahnung hatte, wen sie sich da ins Haus geholt hat, welch enorme Verantwortung sie übernommen hat. Ich stellte ihr die Frage, ob sie sich bewusst ist, dass Oskar diesen viel zu niedrigen Zaun irgendwann überwinden und jemanden außerhalb verletzen wird.

Frau Kempf sah mich erschrocken an, nein das hatte sie nicht bedacht.

Abermals bat ich sie eindringlich, mit Oskar zu arbeiten und ihn draußen nicht sich selbst zu überlassen. Sie muss die Kontrolle übernehmen, vor allem über diesen aggressiven Hund.

So verabschiedete ich mich mit dem mulmigen Gefühl, dass meine Worte ungehört verhallen würden.

Dies bewahrheitete sich bei meinem dritten Besuch. Wieder das gleiche Bild: Oskar alleine draußen und außerhalb jeglicher Kontrolle. Er lief den Zaun auf und ab und verbellte alles was sich bewegt hat. Warum nur wollte oder konnte Frau Kempf diesem hoffnungslos überforderten und gestressten Hund nicht helfen?

Als ich eintrat war nun auch bei dem Schäferhundmix eine Verhaltensänderung festzustellen. Er war nicht mehr der ruhige Senior, der Oskars wildes Treiben lediglich aus der Ferne beobachtet hatte. Anton wollte mich bereits an der Haustür am Eintreten hindern. Daher sprach ich Frau Kempf auf das Verhalten ihres Seniors an. Frau Kempf berichtete mir, dass Anton seit einiger Zeit vermehrt Aggressionen zeigt und es auch zu Kämpfen zwischen den beiden Hunden gekommen ist. Sie überlegt nun, Anton einschläfern zu lassen, da sie mehr und mehr das Vertrauen in Anton verliert und sie nicht mit einem gefährlichen Hund leben kann.

In diesem Moment blieb mir der Mund offen stehen. Hatte sie das wirklich gesagt? Ich erklärte Frau Kempf, dass Oskar die Ursache für Antons Verhaltensauffälligkeiten ist. Es deshalb keinen Grund gibt, Anton einschläfern zu lassen. Durch Oskar und ihre Weigerung, endlich Struktur in ihr gemeinsames Leben zu bringen, war die Verhaltensänderung bei Anton abzusehen. Ich machte ihr nochmal deutlich, dass es nicht darum geht, was Oskar will oder was nicht, sondern um das, was Oskar braucht. Doch Frau Kempf war so vernarrt in diesen Hund, dass meine Worte sie nicht erreichten, auch nicht als ich ihr nochmal vor Augen führte, dass sie in Zukunft ein sehr einsames Leben führen wird. Ich fragte sie, ob sie Oskar mehr liebt als ihre Familie. Wie sie denn ihre Kinder erzogen hat, ob sie ihren Kindern auch grenzenlose Freiheit ohne Hilfestellung gegeben hat? Bei ihren Kindern hat sie nichts durchgehen lassen, anders hätte sie es als alleinerziehende Mutter nicht geschafft, so die Antwort.

Also bat ich Frau Kempf nochmal und mit Nachdruck darüber nachzudenken, ob sie wirklich der Überzeugung ist, Oskar gerecht werden zu können. Würde sie wirklich aus Liebe zu ihm sogar ihren langjährigen Gefährten Anton opfern? Ich sagte ihr in aller Deutlichkeit, dass nicht die Hunde das Problem sind, sondern sie. Das heißt, ihre Weigerung Oskar seine Grenzen aufzuzeigen und ihre Meinung, sich nach dem richten zu müssen was Oskar will oder was nicht. Ich fragte sie, ob erst ihre Enkelkinder zu Schaden kommen müssen, bis sie endlich wach wird?

Eine Antwort bekam ich nicht, doch dem Gesichtsausdruck von Frau Kempf konnte ich entnehmen, dass auch diese Worte nicht fruchteten und so traf ich die Entscheidung, die ich treffen musste.

Ich teilte Frau Kempf mit, dass unsere Zusammenarbeit nun beendet ist, da wir uns nach drei Terminen keinen Millimeter bewegt haben. Weitere Termine würden aus meiner Sicht auch nichts mehr bringen.

Ich bat Frau Kempf, zum Wohle der Hunde und vor allem um Antons Willen, sich anderweitig Unterstützung zu suchen und nicht das Leben der Hunde und auch der Menschen weiterhin in Gefahr zu bringen.

Wenn ich als Trainerin Termin für Termin vorgeführt bekomme, dass, wie im Fall von Oskar, sich die Halter und Halterinnen aus falsch verstandener Hundeliebe weigern, auch nur ein klein wenig von meinen Lösungswegen anzunehmen, ist es aus meiner Sicht besser, die Zusammenarbeit zu beenden. Dann muss ich einsehen, dass ich die Menschen nicht erreicht habe und auch keine Verhaltensänderung bei den Hunden bewirken kann.

Meine Hunde

Maya

Ist man im Internet unterwegs, kommt man an den unzähligen Hilferufen von den verschiedensten Tierschutzorganisationen nicht vorbei, die auf der Suche nach einem Zuhause für ihre Hunde sind. Eines Tages fiel mir beim Surfen ein kleiner Welpe namens Maya auf. Maya war eine Hündin, die aus Bosnien stammt, sich aber bereits in Deutschland auf einer Pflegestelle befand. Die Geschichte von Maya rührte meine ganze Familie und wir nahmen Kontakt zu dem vermittelnden Verein auf. Uns wurde berichtet, dass Maya zusammen mit ihren Geschwistern in einer Plastiktüte vor einem bosnischen Tierheim ausgesetzt wurde und sie als einzige überlebt hat.

Nach einigen Mails machten wir uns auf den Weg, um die junge Hündin zu besuchen. Maya war erst drei Monate alt und viel zu dünn. Es war klar, dass sie erst einmal aufgepäppelt werden musste. Trotz ihres Untergewichts war Maya sehr quirlig und kam sofort zu mir, als ich mich auf den Boden setzte. Maya lebte in der Pflegestelle mit anderen Hunden und Kindern zusammen und wir sagten zu, diesen kleinen Hund zu uns zu nehmen.

Die ersten Wochen verliefen sehr gut. Maya war etwas eigen mit dem Fressen, nahm aber doch stetig zu. Wir übten Leine gehen und Hundebegegnungen. Unser Training lief so gut, dass wir auch mit dem Freilauf beginnen konnten.

Eines Tages ging ich mit Maya durch den Wald spazieren. Sie war an der Schleppleine und erkundete den Wald auf ihre Art und Weise, war aber immer in Kontakt zu mir. Wir waren bereits einige Zeit unterwegs, als sie schnüffelnd einen kleinen Abhang hinunterlief. Ich ließ sie, da die Schleppleine locker war und sie mir immer nach einer kurzen Ablenkung durch die vielen Düfte gefolgt ist, wir waren gut im Training.

Doch auf einmal hörte ich ein kurzes, aber lautes Aufjaulen und ich bin sofort zurück gerannt. Maya saß in einem kleinen Abhang und bewegte sich keinen Schritt, sondern schaute mich hilfesuchend an.

Ohne zu zögern bin ich zu ihr den Abhang hinunter und entdeckte ein dickes Knie an ihr. Trotz dieser Verletzung konnte Maya nach einigen Minuten wieder laufen, dennoch machten wir uns nach diesem Schreck auf den Heimweg. Am nächsten Morgen war keine Schwellung mehr zu sehen, doch nach dem ersten Gassi schwoll das Knie wieder an. Ich machte mich umgehend auf den Weg in die Tierklinik. Maya wurde sofort geröntgt und der behandelnde Tierarzt sagte zu mir, dass er eine derartige Deformation in seiner langjährigen Praxis noch nicht gesehen hat. Somit war klar, dass eine OP unausweichlich war.

Nachdem Maya die Operation und auch die Narkose gut überstanden hatte, konnte ich sie abholen und der Tierarzt erklärte mir, dass sie diesen Defekt bereits mitgebracht haben muss. Es war nur eine Frage der Zeit, wann es zu dieser Verletzung kommen würde.

Nach dieser Feststellung des Tierarztes nahm ich Kontakt zu dem vermittelnden Verein auf. Ich schilderte ihnen den Sachverhalt und fragte nach, ob sie mich bei den nicht unerheblichen Kosten für die Operation ein wenig unterstützen können. Dies wurde kategorisch abgelehnt mit den Worten, dass Maya den Verein nach Unterzeichnung des Vertrages nichts mehr angeht und sie bei der Vermittlung gesund gewesen ist.

Als wir Maya bei uns aufgenommen haben, hatte sie aufgrund ihrer Herkunft keinen EU-Heimtierausweis, dieser sollte uns nachgereicht werden. Da wir den Ausweis bis zu diesem Zeitpunkt noch nicht erhalten hatten, fragte ich auch gleich nach, wann wir denn den aktuellen Impfausweis von Maya bekommen würden. Die Antwort war dann doch überraschend. Mir wurde gesagt, dass Maya eigentlich nicht für die Ausreise vorgesehen war, sie sich aber dennoch entschlossen haben, Maya noch schnell mitzunehmen. Wir sollten mit dem bosnischen Impfausweis bei einem Tierarzt vorstellig werden, dieser würde uns ohne Probleme einen neuen ausstellen. Diese Information war falscher als falsch und wir stornierten eine bereits gebuchte Auslandsreise, wo Maya mit ihrem Nicht-EU-Ausweis nicht hätte einreisen dürfen.

Nach der Knie OP musste Maya dringend ruhig gehalten und jegliche Belastung des Hinterlaufes vermieden werden. Dies bedeutete auch, dass es keine Gassigänge mehr geben konnte und wir Maya raustragen mussten, damit sie ihr Geschäft verrichten konnte, und das wochenlang.

Einen jungen Hund ruhig zu halten kann eine große Herausforderung sein, aber wir haben es mit viel Kopfarbeit hinbekommen. Trotz der strikt eingehaltenen Ruhe schwoll das Knie abermals dick an und sie musste ein zweites Mal operiert werden. Genau zu dieser Zeit hatte ich mir eine schmerzhafte Fußverletzung zugezogen und wurde von meinem Hausarzt ebenfalls zur Ruhe verdonnert. So haben wir beide viel geruht und uns gemeinsam auf der Couch erholt.

Diese Zeit war für Maya sehr prägend. Noch heute nimmt sie sich ihre Ruhezeiten und schläft die meiste Zeit des Tages, allerdings hatte diese Zeit auch ihre Nachteile. Nachdem ich mit Maya wochenlang nicht mehr rausgehen konnte und das Training unterbrechen musste, hat Maya heute noch Probleme, sobald andere Hunde in ihre Nähe kommen. Bei jeder Begegnung ist sie zu Beginn sehr aufgeregt und muss beruhigt werden. Bei ihr bewahrheitet sich das alte Sprichwort „was Hänschen nicht lernt, lernt Hans nimmermehr".

Eine fehlende Prägung und/oder Sozialisierung kann nicht nachgeholt werden. Man kann nur lernen, mit den jeweiligen Situationen umzugehen und jede neu zu lösen. Maya wird immer ein besonderer Hund mit besonderem Verhalten sein und gerade deshalb wird sie für uns immer etwas ganz Besonderes sein.

Nachdem Maya wieder fit und vollständig genesen war, wollten wir einem weiteren Hund ein Zuhause bei uns geben, Platz hatten wir genug und auch die zeitlichen Möglichkeiten.

Wir begaben uns in unser örtliches Tierheim, stellten uns den Mitarbeiter*innen vor und waren guten Mutes. Zunächst gingen wir allein durch die Reihen der Hunde und blieben bei dem kleinen Spike stehen. Spike saß verängstigt in der hintersten Ecke seines Zwingers und zitterte am ganzen Körper. Wir waren uns einig, dass wir diesem Hund helfen wollten und auch konnten. Von einer Tierheimmitarbeiterin erfuhren wir, dass Spike vor ca. einem Jahr im Tierheim abgegeben wurde, da sich bei seiner Familie Zuwachs angekündigt hatte und sie Angst um ihren Nachwuchs hatten. Da Spike sich nicht freudig den Besuchern des Tierheims präsentierte, hatte er kaum eine Chance jemals vermittelt zu werden. Nachdem wir Spikes Geschichte kannten, stand unser Entschluss fest. Wir wollten Spike zu uns nehmen.

Daher baten wir die Leiterin des Tierheims, Frau Strohmeier, zu einem Gespräch. Wir teilten ihr unsere Absicht mit und baten mit Spike Gassi gehen zu dürfen. Die Reaktion von Frau Strohmeier holte uns sehr schnell auf den Boden der Tatsachen zurück. Sie meinte, dass wir nicht einfach so Gassi gehen können, da die Gassizeiten streng geregelt sind und wir am Nachmittag nochmal vorstellig werden sollen. Da uns das Schicksal des kleinen Mischlingsrüden sehr bewegt hat, baten wir auch gleich um einen Gesprächstermin, damit wir die Formalitäten erledigen können. Zur vorgegebenen Gassizeit waren wir wieder im Tierheim und baten die Mitarbeiterin, die uns bei unserem ersten Besuch begleitet hatte, abermals, mit Spike Gassi gehen zu dürfen. Die Mitarbeiterin bat mich, Spike aus dem Zwinger zu holen, da er aufgrund seiner Ängstlichkeit sehr schwierig ist und manchmal auch nach den Menschen schnappt. Aus diesem Grund hat sie Bedenken, den Zwinger zu betreten.

Daraufhin nahm ich die Leine und wollte den Zwinger öffnen, als Frau Strohmeier zu uns kam und mir sofort verbot, den Zwinger zu betreten. Sie sagte, dass dies den Besuchern nicht gestattet ist und die Hunde nur durch das Fachpersonal des Tierheims aus den Zwingern geholt werden dürfen. Ich erklärte ihr, dass ich Hundetrainerin bin und mit solch ängstlichen Hunden umgehen kann und auch weiß, wie ich mich diesen nähern muss. Dies hätte ich wohl besser nicht gesagt, denn kaum hatte ich meinen Satz beendet, nahm mir Frau Strohmeier die Leine aus der Hand und bat uns in ihr Büro. Nun fragte sie uns intensiv nach unserer Lebenssituation aus, ob wir auch die Zeit haben uns um zwei Hunde kümmern zu können und wie unsere finanzielle Situation ist. Wir erklärten Frau Strohmeier, dass wir beide selbstständig sind und unsere Arbeitszeiten aufeinander abstimmen können, damit die Hunde nicht alleine bleiben müssen. Ehrlicherweise haben wir angemerkt, dass es sich in Ausnahmefällen nicht vermeiden läßt, dass sich unsere Arbeitszeiten überschneiden. Aus diesem Grund kann es vorkommen, dass die Hunde auch mal für zwei oder drei Stunden alleine zu Hause bleiben müssen. Wir betonten, dass dies die absolute Ausnahme ist, aber ich bemerkte wie sich der Blick der Tierheimleiterin verfinsterte. Nun wollte sie Auskunft über unsere finanziellen Verhältnisse, ob wir über ein regelmäßiges Einkommen verfügen, wie hoch dieses ist. Außerdem, wie hoch unsere Ausgaben sind und ob und in welcher Höhe wir Rücklagen gebildet haben, um Spike bei Krankheit die notwendigen Behandlungen zukommen lassen zu können. Wir versicherten Frau Strohmeier, dass unsere Finanzen geregelt sind, berichteten ihr auch von der Geschichte unserer Maya und dass wir uns durchaus unserer Verantwortung bewusst sind. Nun forderte sie uns auf, aufgrund unserer vagen Angaben, ihr beim nächsten Besuch unsere Steuererklärungen der letzten drei Jahre vorzulegen sowie eine detaillierte Aufstellung unserer Abwesenheitszeiten.

Nachdem sich unsere erste Verwunderung aufgrund dieser Forderungen gelegt hatte, machten wir die Tierheimleiterin darauf aufmerksam, dass ihr Verlangen nach unseren Steuererklärungen aus unserer Sicht weit überzogen ist. Wir warem der Meinung, dass sie ihre Kompetenzen mit dieser Aufforderung weit überschreitet und wir ihr diese nicht vorlegen werden. Daraufhin klappte Frau Strohmeier die vor ihr liegende Mappe zu, stand auf und bat uns zu gehen, mit der Bemerkung, dass wir Spike nicht bekommen werden.

Amelie

Nachdem uns die Aufnahme eines Hundes aus dem Tierheim verweigert wurde, suchten wir im Internet nach einem Hund, der zu uns und unserer Maya passen könnte. Bei unserer Suche blieben wir bei Amelie hängen. Eine Hündin, die sich in einer italienischen Pflegestelle befand, welche in Kürze aufgelöst werden sollte. Für Amelie hätte dies ein Leben in einem italienischen Tierheim mit ungewisser Zukunft bedeutet.

Also nahmen wir Kontakt zu dem vermittelnden Verein auf und nach diesem ersten Gespräch mit der Vermittlerin ist unsere Entscheidung gefallen, Amelie zu uns zu holen. Die Formalitäten waren recht schnell erledigt und wir bekamen die Info, dass Amelie für den nächsten Transport ausreisefertig gemacht wird.

Am Tag des Transports wurde uns mitgeteilt, dass wir uns in der Nacht auf einem Autobahnparklatz einfinden sollen und Amelie uns dort übergeben wird. Spät abends machten wir uns auf den Weg zu dem angegebenen Treffpunkt und waren überrascht, dass dort noch weitere Adoptanten auf die Übergabe ihrer Hunde warteten. Mit etwas Verspätung traf der Transporter ein und wir folgten diesen an eine abgelegene Stelle des Rastplatzes.

Der Transporter war voll mit Hunden und nach und nach wurden die Hunde aus ihren Boxen geholt und ihren jeweiligen Menschen zugeteilt. Nach einer gefühlten Ewigkeit waren wir an der Reihe. Es wurde der Name unseres Hundes ausgerufen und wir begaben uns zu dem Transporter, wo man uns Amelie in die Arme drückte. Obwohl die Hündin bereits seit vielen Stunden in der kleinen Box saß wurden wir aufgefordert, Amelie sofort ins Auto zu bringen.

Diese Nacht- und Nebel-Aktion erinnerte uns eher an einen schlechten Krimi als an eine Adoption eines Hundes aus dem Ausland. Wir waren denndoch froh, Amelie endlich bei uns zu haben.

Kaum zuhause angekommen, sind wir mit Amelie und Maya zuerst eine kleine Runde Gassi gegangen, damit sich die beiden Hunde auf neutralem Boden kennenlernen konnten.

Zurück im Haus zeigte sich Maya aufgrund ihrer Geschichte wenig erfreut über den Familienzuwachs. Sie legte sich so richtig ins Zeug, um diesen Eindringling wieder loszuwerden. Maya war vollkommen aus dem Häuschen und verteidigte all ihre Ressourcen. Für uns begann eine anstrengende Zeit. Amelie, eine sehr unsichere und ängstliche Hündin, benötigte unsere ganze Unterstützung wegen der aufmüpfigen Maya. Diese musste wieder und wieder und wieder in ihre Grenzen gewiesen werden.

Maya war drei Wochen lang nicht zu beruhigen, sie wollte Amelie aus ihrem Revier vertreiben und es war unsere ganze Konsequenz gefordert. Ab der vierten Woche begann Maya, ihre Alleinherrschaft aufzugeben und nach und nach kehrte Ruhe ein. Heute sind die Beiden ein Herz und eine Seele.

Nach einiger Zeit nahmen wir Kontakt zu der Vermittlerin des Vereins auf und haben ihr von dieser anstrengenden Zeit berichtet. Sie sagte, dass sie sehr beeindruckt ist, weil wir nicht aufgegeben haben. Sehr viele Adoptanten würden die Hunde bei solchen Situationen mit der Begründung, dass sich die Hunde nicht verstehen, wieder zurückgeben. Aus ihrer Erfahrung weiß sie, dass sich die Wenigsten die Mühe machen, solch belastende Zeiten durchzustehen.

Nachdem diese Situation geklärt und lange Zeit Ruhe herrschte, bemerkten wir bei Amelie eine Veränderung. Sie verlor ihr Fell und kratzte sich teilweise blutig. Wir wollten der Ursache auf den Grund gehen. Um eine Erkrankung ausschließen zu können, begaben wir uns umgehend zu einem Tierarzt. Die Analysen der Hautproben waren ebenso negativ wie die Ergebnisse der Blutuntersuchung.

Aus diesem Grund vermutete der Tierarzt eine Futtermittelallergie und empfahl uns eine Ausschlußdiät. Nur so meinte er, kann herausgefunden werden, auf was Amelie so extrem reagiere.

Mit dieser Empfehlung des Tierarztes im Gepäck machten wir uns zuhause unsere eigenen Gedanken. Wir hatten Amelie nach ihrer Ankunft weiterhin mit Trockenfutter gefüttert, allerdings haben wir auf ein hochwertiges Produkt geachtet. Wir stellten uns die Frage, ob eine wochen- wenn nicht monatelange Ausschlußdiät mit regelmäßigen Hauttests beim Tierarzt wirklich Sinn macht. Deshalb entschlossen wir uns, Amelies Ernährung komplett umzustellen.

Ab sofort fütterten wir unseren Hunden ausschließlich frisches Fleisch und das Hautbild von Amelie besserte sich zusehends. Ihr Fell wuchs schnell nach und innerhalb von vierzehn Tagen waren sämtliche Symptome verschwunden.

Nachdem alle gesundheitlichen- und auch Verhaltensprobleme geklärt waren, freuten wir uns auf unseren Alltag und unser Leben mit diesen zwei Hündinnen, die mehr und mehr zusammenwuchsen.

Anabel

Doch weit gefehlt. Wir bekamen einen Hilferuf von einem befreundeten Tierschutzverein. Sie hatten zwei Maremmanowelpen, ein Geschwisterpärchen, nach Deutschland vermittelt und bereits nach wenigen Wochen mussten die Hunde ihr Zuhause wieder verlassen, und zwar umgehend. Wir erklärten uns sofort bereit, die beiden Hunde vorübergehend bei uns aufzunehmen, bis für sie ein neuer Platz gefunden ist.

Als ich vor Ort ankam, um die Herdenschutzhunde abzuholen, war der Rüde bereits wieder vermittelt. So nahm ich die mittlerweile acht Monate alte Anabel mit zu meiner Familie. Die Zusammenführung mit Amelie und auch unserer speziellen Maya verlief ohne Probleme und das Zusammenleben mit den nun drei Hündinnen klappte sehr gut. Anabel wurde schnell ein fester Bestandteil in unserer Familie und wir entschlossen uns, sie zu behalten.

Die ersten Wochen mit Anabel vergingen ohne größere Probleme, sie war ein typischer Herdenschutzhund und daher eigensinnig und manchmal auch unwillig.

Bereits ab dem ersten Tag habe ich mit ihr gearbeitet und ihr die Regeln in unserem Haus gelernt. Anabel war von Anfang an, ihrer Rasse entsprechend, ein sehr wachsamer Hund. Sie musste lernen, mir die Entscheidung zu überlassen, besonders wenn Besucher unser Haus betreten wollten. Dieser Herdenschutzhund hat auch mir einiges abverlangt, doch nach und nach näherten wir uns an und ich bekam ihr Vertrauen.

Seit dem ersten Tag haben wir die Hunde gemeinsam gefüttert. Damit dies gelingen kann, legten wir für die Fütterung klare Regeln fest und die Hunde mussten sich ohne Ausnahme an diese halten. Zu Beginn respektierte auch Anabel ihre Grenzen und stellte diese nicht in Frage. Bis zu dem Tag, an dem ich mir ihren Respekt erarbeiten musste.

Wie jeden Tag habe ich in der Küche das Hundefutter zubereitet. Eine Regel war, dass die Hunde in einigem Abstand warten mussten und mich während der Zubereitung nicht bedrängen durften. Diese

Regel wurde auch von Anabel beachtet, bis ihr eines Tages der Geduldsfaden riss. Ich wollte gerade die gefüllten Näpfe in die Hand nehmen, als dieser Herdenschutzhund mit gefletschten Zähnen auf mich losging. In diesem Moment hatte ich den Adrenalinschub meines Lebens. Ich ließ die Näpfe fallen und stürmte diesem angriffslustigen und mittlerweile dreißig Kilo schweren Hund mit aller Entschlossenheit entgegen. Anabel wich vor mir zurück und ich gab erst nach, als ich merkte, dass sie sich beruhigt hatte. In diesem Moment blieb ich vor der Hündin stehen. Sie setzte sich vor mich hin und sah mich mit einem Blick an, als wolle sie mich fragen: „wo kommst du denn her?"

Durch diese Reaktion hatte ich den vollen Respekt meiner Hündin. Auch wenn es noch ein gutes Stück Arbeit mit Anabel war und sie noch so manche Diskussion mit mir führen wollte, hat sie meine Entschlossenheit kein weiteres Mal getestet. Heute nenne ich sie meinen Seelenhund, denn dieser Angriff hat etwas in unserer Beziehung bewirkt, was ich nur schwer in Worte fassen kann. Es ist ein Gefühl der Verbundenheit, das man wohl sehr selten zu einem Hund haben kann.

Elli

Zu dem Zeitpunkt, als wir uns bereit erklärten Anabel zur Pflege aufzunehmen, hatten wir bereits eine Zusage für die Maremmanohündin
Elli gegeben. Nach Angaben des vermittelnden Vereins war Elli etwa
zwei Jahre alt und befindet sich seit ihrer Geburt in einem Canile
(italienisches Tierheim). Ellis Alter passte gut zu dem unserer Hündinnen und so entschlossen wir uns, auch diese Hündin zu uns zunehmen. An dieser Zusage hielten wir trotz der ziwschenzeitlichen
Aufnahme von Anabel fest und wir bekamen unsere vierte Hündin.
Schnell stellten wir fest, dass Elli viele Ängste im Gepäck hatte. Sie
stieg keine Treppen, in kein Auto und vor Männern ist sie geflüchtet.
Es war klar, dass ein gutes Stück Arbeit vor uns lag.

Die ersten Tage war Elli sehr zurückhaltend und unsicher. Zu mir fasste sie dennoch schnell Vertrauen und trotzdem schreckte sie plötzlich auf, wenn ich sie gestreichelt habe und lief jaulend davon. Sah Elli einen Mann, verkroch sie sich zitternd in eine Ecke. Nach und nach konnte ich Elli aus ihren Ängsten heraushelfen und mit jedem Tag fasste sie etwas mehr Vertrauen.

Bereits bei ihrer Ankunft hatten wir Zweifel an Ellis angeblichen Alter und wir zogen den Rat eines Tierarztes hinzu. Dieser bestätigte unsere Vermutung, dass Elli mindestens sieben Jahre alt sein musste und die Angaben des vermittelnden Vereins nicht stimmen konnten. Nachdem auch Elli ihren Platz bei uns gefunden und auch behauptet hat, nenne ich Elli inzwischen meine weise Hündin. Elli ist so klar und eindeutig in ihrer Kommunikation, wie man es heute nur noch selten bei Hunden sieht. Ich führe dies auf den Umstand zurück, dass Elli ohne menschlichen Einfluss aufgewachsen ist und sie sich so ihre natürlichen Verhaltens- und Ausdrucksweisen bewahren konnte. Dies hat ihr auch ihr Überleben über viele Jahre in einem überfüllten Zwinger gesichert.

Wenn Hunde in eine bestehende Meute neu hinzukommen, sieht man sehr gut, wie sich die Strukturen verschieben und jeder Hund seinen Platz neu suchen muss. Elli zeigte sich anfangs sehr unterwürfig und ich beobachtete das Verhalten meiner Hunde genau. Kam keine Ruhe in die Meute, übernahm ich die Führung und stellte die Ordnung wieder her. Es ist vollkommen richtig, dass Hunde es unter sich ausmachen, was auch sonst sollen sie tun, wenn der Mensch sich nicht kümmert und es versäumt, die dringend notwendige Struktur herzustellen?

Nach einigen Tagen war sehr gut zu verfolgen, wie Elli ihre anfängliche Unterwürfigkeit nach und nach ablegte und langsam zu einer selbstbewussten Herdenschutzhündin wurde. Sie begann, von den anderen noch jungen Hunden einen respektvollen Abstand einzufordern und die Jung-spunde auch mal in ihre Schranken zu weisen. Bei Elli sagte mir mein Instinkt, dass dies der Weg für diese Hündin ist, ihren Platz zu finden. Allerdings bin ich eingeschritten, wenn sie ihre Postition zu energisch erkämpfen wollte, dann musste auch sie ihre Grenzen einhalten.

Nun also lebten wir mit vier statt der gedachten drei Hündinnen und für uns war klar, dass wir keine weiteren Hunde mehr aufnehmen würden.

Die Hündinnen kamen gut miteinander zurecht und auch wir hatten unseren Tagesablauf an die neuen Gegebenheiten angepasst.

Trotzdem verfolgte ich weiterhin die vielen Hilferufe der verschiedensten Tierschutzvereine und von Privatleuten im Netz, auch wenn ich mir bewusst war, dass ich nicht helfen konnte.

Doch dann berührte mich ein Hilferuf auf eine bemerkenswerte Art und Weise und sollte eine besondere gemeinsame Reise werden.

Pongo

Der Hilferuf kam von einer jungen Frau. Zu sehen war ein Foto von einem weißen Herdenschutzhundmix und der nachfolgende Text ging mir sehr zu Herzen.

Die junge Frau berichtete von ihren Problemen mit ihrem Rüden Pongo. Nach langen Überlegungen suchte sie nun doch ein neues Zuhause für diesen besonderen Hund. Ich überlegte lange, wie ich dieser jungen Frau und ihrem Hund helfen konnte. Aufnehmen konnte ich den Hund nicht, doch mir kam eine andere Idee.

Ich nahm Kontakt zu der jungen Frau auf und bat sie, ein verlängertes Wochenende zu mir zu kommen. Ich wollte sehen, wo genau die

Probleme lagen und gemeinsam mit ihr Lösungen erarbeiten, damit sie sich nicht von ihrem Hund trennen musste.

Die junge Frau war sehr überrascht, dass ihr jemand helfen wollte und sie nahm mein Angebot erleichtert an. Drei Wochen später holte ich sie und Pongo am Bahnhof ab. Vor mir stand eine sehr freundliche, aber unsichere junge Frau und ein Hund, dessen Angst ich förmlich spüren konnte.

In meinem Büro angekommen, schilderte mir Marie ausführlich die Probleme mit Pongo, mit denen sie nicht mehr zurechtkam.

Sie berichtete mir, dass sich Pongo ab dem späten Nachmittag weigert, die Wohnung zu verlassen und er enorme Probleme mit Männern hat. Ihren Lebensgefährten und auch Besucher hatte Pongo bereits mehrere Male gebissen. Weiter erzählte mir Marie, dass Pongo enorme Angst vor den verschiedensten Geräuschen hat und sich sofort unter das Bett flüchtet, sobald sie das Radio oder den Fernseher einschaltet und er dort auch nicht mehr herauszubekommen ist. Mittlerweile verzichten sie und ihr Partner auf beides, um Pongo diesen Stress zu ersparen.

Nach diesem Gespräch begann ich umgehend mit der ersten Übung, da ich Pongos Verhalten selbst sehen wollte. Ich nahm Pongo an die Leine und schaltete das Radio ein, welches ich zu uns auf den Tisch gestellt hatte. Kaum waren die ersten Töne aus dem Radio zu hören, zeigte Pongo sein erlerntes Verhalten und wollte flüchten. Diesmal aber gelang es ihm nicht und ich war erstaunt, wie schnell er sich beruhigte und sich zu uns legte. Ich wiederholte diese Übung so lange, bis Pongo aufgrund der Musik aus dem Radio nicht mehr flüchten wollte.

Als weiteres großes Problem schilderte mir Marie Pongos Eigenschaften als Herdenschutzhund. Er bewachte sie und verbellte alles, was sich ihr auch nur nähern wollte. Mittlerweile ging er auch dazu über, die Wohnung zu bewachen und keine Besucher mehr reinzulassen. Inzwischen weiß sie sich nicht mehr zu helfen, und schließt Pongo weg, damit ihre Freunde sie besuchen können. Marie gab zu, mit diesem Hund hoffnungslos überfordert zu sein.

Ich wollte unser Wochenende nutzen, um Marie ein wenig mehr Selbstbewusstsein mit auf den Weg zu geben, denn es war klar, dass dieser Hund eine Führungspersönlichkeit braucht, die ihn auf seinem Weg begleitet. Doch schnell stellte sich heraus, dass Marie dies nicht leisten konnte, dass sie es nicht über ihr liebendes Herz bringen würde. diesem Hund aus seiner Angst zu helfen.

Ich bot ihr an, Pongo zwei Wochen bei mir zu lassen. da ich dadurch genügend Zeit haben würde um herauszufinden, wie man Pongo am besten unterstützen kann.

Marie willigte ein und Pongo blieb bei mir, wie ich dachte, zwei Wochen. Ich machte mich sofort an die Arbeit und Pongo musste ab sofort bei mir bleiben. Ich habe die Leine an mir befestigt und er wurde mein ständiger Begleiter. Flucht war keine Option mehr für Pongo. Die Nächte verbrachte er neben mir und meine Anabel gab ihm zusätzliche Orientierung. Auch wenn die Arbeit mir zu Beginn viel Geduld abverlangt hat, machten sich schnell erste Erfolge bemerkbar. Pongos Verhalten änderte sich zusehends, nach und nach konnte er seine Ängste überwinden. Damit sich dieses neu Erlernte bei Pongo auch verfestigen konnte, wurden aus den angedachten zwei Wochen sechs Wochen. Pongo legte seine Angst vor Radio und Fernseher ab und auch bei Dunkelheit konnten wir ohne Probleme raus gehen. Seine Angst vor Männern hatte sich zwar ein wenig gelegt, verflogen aber war sie noch nicht. Bei einigen Männern reagierte Pongo nicht mehr, bei anderen Männern aber sehr heftig und wollte sie angreifen. Über die Leine konnte ich Pongo sehr gut kontrollieren und ihn auch stoppen.

Nachdem wir einige Fortschritte gemacht hatten, kamen Marie und ihr Lebensgefährte Jürgen, um Pongo abzuholen. Damit ich den Beiden zeigen konnte, wie sie Pongo zukünftig führen müssen und ihn unterstützen können, haben wir ein abschließendes Trainingswochenende vereinbart. Als die beiden Pongo nach all der Zeit wiedergesehen haben, konnten sie ihren Augen kaum trauen. Pongo hielt sich gerne draußen auf und machte keinerlei Anstalten mehr zu flüchten, egal welches Geräusch auch zu hören war. Abends beim gemeinsamen Fernsehen lag er entspannt in seinem Körbchen und ging wie selbstverständlich auch zu später Stunde mit raus.

Dann war der Zeitpunkt der Trennung gekommen und das junge Paar macht sich mit Pongo zur Abfahrt bereit. Pongo wollte zunächst nicht in das Auto steigen und ich zeigte Jürgen, wie er seinen Hund in das Auto führen kann, aber es gelang ihm nicht. Pongo weigerte sich und ich unterstützte Jürgen, indem ich nur kurz die Leine nahm und sofort sprang Pongo in das Auto.

Als sie bei mir vom Hof fuhren stand ich an der Straße und blickte ihnen noch hinterher. Dann ist etwas geschehen, was ich all die Jahre nicht vergessen habe. Pongo hat sich plötzlich umgedreht und seinen Kopf auf die Lehne der Rückbank gelegt und zur mir zurückgesehen, bis sie außer Sichtweite waren.

Die folgenden Wochen und Monate bekam ich in unregelmäßigen Abständen Rückmeldungen, wie es dem jungen Paar mit Pongo erging. Die meisten Nachrichten waren positiv, aber manchmal wurde mir auch von Rückschritten berichtet. Alles in allem aber war ich aufgrund der Nachrichten zuversichtlich, dass die drei es schaffen werden.

Nachdem zwei Jahre vergangen waren, erhielt ich von Marie eine Nachricht, die mich sehr betroffen machte. Sie berichtete mir, dass sich Pongos Verhalten stark verändert hat. Er hatte mittlerweile mehrfach gebissen und verbellt jeden und alles, was auch nur in Sichtweite kommt. Ein entspanntes Leben ist für sie kaum noch möglich und vermehrt muss Pongo weggesperrt werden, um weitere Beißattacken zu verhindern.

Durch die intensive Arbeit war mir Pongo ans Herz gewachsen und ich erklärte mich bereit, Marie bei ihrer Suche nach einem passenden Zuhause zu helfen. Auf keinen Fall sollte dieser sensible Hund in ein Tierheim gebracht werden.

Zunächst schien es, als ob Marie doch noch eine innerfamiliäre Lösung finden konnte, doch diese Hoffnung hat sich schnell zerschlagen und so kam was kommen musste.

Wir hielten Familienrat, denn noch immer stand unsere Entscheidung, keinen weiteren Hund bei uns aufzunehmen. Dieser Hund jedoch hatte es uns angetan und uns war bewusst, dass es sehr sehr schwer sein wird, für ihn die richtigen Menschen zu finden. Nach einigen Überlegungen haben wir uns entschieden, diesen Rüden bei uns aufzunehmen und er hier seinen Platz bekommen sollte. Somit endete die Reise eines ehemaligen Straßenhundes aus Rumänien bei uns.

Pongos Geschichte und auch das Schicksal vieler missverstandener Hunde zeigen deutlich den Schwachpunkt der vielfach im Netz angepriesenen Wunderwaffe der Resozialisierung von schwierigen Hunden auf.

Hunde haben ihr Verhalten häufig mit ihren Menschen in ihrer Umgebung erlernt. Werden die Anzeichen von ersten Problemen nicht erkannt oder falsch eingeschätzt, können Mensch und Hund schnell an ihre Grenzen kommen.

Angespornt von Fernsehhundetrainern wurde schnell ein neues Geschäftsmodell erfunden: die Resozialisierung von Hunden.

Bereits der Begriff ist aus meiner Erfahrung falsch gewählt. Der Begriff Resozialisierung findet meist in Zusammenhang mit Straftätern seine Verwendung und bedeutet eine Wiedereingliederung in das soziale Gefüge einer Gesellschaft.

Jegliches Verhalten, welches unsere Hunde zeigen, ist Teil ihrer komplexen Kommunikation. Wird dies für die Halterinnen und Halter schwierig oder gar gefährlich, nennen wir es Fehl- oder auch Problemverhalten. Aus Sicht der Hunde jedoch ist es ganz normales hündisches Verhalten und bereits hier beginnen die Missverständnisse.

In ihrer Not machen sich viele Betroffene auf die Suche nach einer Lösung für ihre Probleme und suchen ihr Heil in der Resozialisierung. Hier wird geplagten Hundehalter*innen angeboten, den Hund auf eine bestimmte Zeit zum Training abgeben zu können und einen neu eingestellten Hund zurückzubekommen. Die Preise sind meist astronomisch und der Erfolg ungewiss.

Viele Hundehalter*innen erleben es tagtäglich. Kaum ist der Hund außerhalb seines Umfelds, zeigt er meist ein anderes Verhalten als noch vor wenigen Minuten. Dieses normale hündische Verhalten erklärt auch, warum viele Hunde in der Hundeschule nahezu perfekt ihre gelernten Kommandos ausführen, zuhause aber nicht. Hunde lernen situativ und von Ort zu Ort.

Dies gilt auch für eine Resozialisierung. Als Trainer*in an einem für den Hund fremden Ort hat man es relativ leicht, dem Hund ein neues und alternatives Verhalten zu lernen. Die eigentliche Aufgabe allerdings beginnt nach der Arbeit mit dem Hund. Auch die betroffenen Halter*innen müssen ein neues Verhalten lernen, müssen einen neuen Umgang mit ihrem Hund lernen. Den Halter*innen muss bewusst gemacht werden, dass der Hund sehr schnell in sein altes, mit ihnen erlernten Verhalten fallen kann und sie mitunter eine lebenslange Aufgabe haben werden.

So kann man einem Hund, der gelernt hat Menschen durch einen Angriff auf Abstand zu halten, durchaus ein Alternativverhalten lernen. Aber dieser Weg muss im Anschluss konsequent fortgeführt werden, denn gelöscht ist die alte Verhaltensweise nicht, nur neu justiert und eine kleine Unaufmerksamkeit oder Unachtsamkeit kann fatale Folgen haben.

Pongo ist ein gutes Beispiel für eine Resozialisierung, wenn die Halter*innen nicht am Ball bleiben und zu früh meinen, alle Probleme seien gelöst.

Als Pongo ein zweites Mal zu mir kam, waren seine Probleme größer als bei unserem ersten Kennenlernen und der Weg für uns beide wird ein sehr langer sein.

Auch wenn der Begriff Resozialisierung noch so verlockend klingen mag, eine langfristige und dauerhafte Verhaltensänderung der Hunde geht immer mit einer dauerhaften Verhaltensänderung der Menschen einher. Erst wenn der Mensch sich ändert, ändern sich auch sein Hund!

Retten um jeden Preis?

Mit Pongo kam nun der fünfte Hund aus dem Tierschutz zu mir und wie so viele andere Hunde aus dem Ausland sollte auch er nach seiner Rettung wieder sein Zuhause verlieren. Viele meiner Kunden haben Hunde aus dem Ausland adoptiert, weil sie einfach nur helfen oder retten wollten und am Ende hoffnungslos mit diesen Hunden überfordert waren. Doch wie kommt es dazu?

Wenn es um den Tierschutz geht, wenn wir Bilder von traurigen Fellnasen, von armen Seelen, einsamen Hunden oder großen Welpenaugen sehen, gibt es für viele kein Halten mehr. Die Emotionen kochen über und man will all diese Hunde retten.

Die Folgen sind mittlerweile nicht mehr zu übersehen. Die Notrufe mehren sich, weil Hunde ihr Zuhause wieder verlieren. Nicht selten sollen sie sofort wieder weg, weil sie verhaltensauffällig wurden. Warum aber wird kaum noch hinterfragt und dem Hund zu helfen kommt nicht allen Rettern in den Sinn. Die Verantwortung endet mit der Rettung.

Die Tierheime quellen über und wissen kaum noch wohin mit der Flut all dieser ehemals geretteten Hunde. Mittlerweile beginnen auch die Tierheime Hunde hin und her zu schieben, je nachdem wo gerade ein Platz frei geworden ist. Und noch eines ist zu beobachten: vermehrt gehen Tierheime dazu über, die eigentliche Herkunft der Hunde zu verschweigen und so sind nach offiziellen Angaben die Mehrzahl der Insassen Hunde aus Deutschland: Papier ist bekanntlich geduldig.

Hunde, die nicht den von den Interessenten bevorzugten Eigenschaften wie lieb, nett, freundlich oder kinderlieb entsprechen, werden zu Langzeitinsassen. Hunde, die Aggressionen zeigen, sind nicht gut für das Image eines Tierheims und werden abgeschoben.

Mit den Hunden zu arbeiten, ihnen aus ihrem Verhalten herauszuhelfen und ihnen so die Chance auf ein neues Zuhause zu geben? Keine Zeit und kein Geld!

Häufig übernehmen ehrenamtlich tätige Mitarbeiter*innen, die den Sinn des Tierschutzes leben, diese Aufgabe. Sie opfern ihre Freizeit, um all diesen Hunden ein wenig helfen zu können.

Auch mich erreichen täglich immer mehr Anfragen, ob ich nicht eine arme Fellnase bei mir aufnehmen kann und falls ich mich nicht dazu bereit erkläre, muss die arme Seele wieder zurück in die Tötung. Ist das Tierschutz, aus der Tötung in die Tötung?

Ich habe Pongo lange beobachtet und was ich sehe erschreckt mich. Pongo ist eines dieser vielen Opfer der unzähligen unverantwortlichen Rettungen.

Pongo wurde in eine Welt hineingerettet, die nicht seine ist. Die Welt, in die er gebracht wurde, macht ihm Angst. Er hat Angst vor Geräuschen, vor Männern, vor der Dunkelheit, vor dem Fernseher und selbst vor den Bewegungen am Himmel. Wann immer er kann sucht er den Schutz unter Bäumen, Sträuchern oder unter Möbeln. Sein Leben besteht aus Angst und Stress.

Hundeexperten und auch Tierschützer hatten seiner Vorbesitzerin bereits mehrfach empfohlen, diesen Hund einschläfern zu lassen.

Ist es das, was wir unter einer Rettung verstehen? Einen Hund von der Straße einzufangen, ihn nach Deutschland zu bringen, um ihn dann hier einschläfern zu lassen? Wenn ja, läuft etwas gewaltig schief!

Ich stelle nicht den Auslandstierschutz als solches in Frage. Meine fünf Hunde stammen alle aus dem Ausland und alle hatten ihr Päckchen dabei. Keiner meiner Hunde war nur lieb, verschmust, verspielt oder gar dankbar für das neue warme Körbchen. Teilweise ging unter den Hunden ganz schön die Post ab und ich hatte alle Hände voll zu tun. Einen meiner Hunde wieder umzutauschen wäre mir aber nie in den Sinn gekommen.

Ich appelliere an die Tierschutzvereine, verantwortungsvoller mit dem Lebewesen Hund umzugehen. Es kann nicht im Sinne des Tierschutzes sein, wenn unzählige gerettete Hunde hier erst zum Wanderpokal werden, um dann den Rest ihres Lebens in einem Tierheim zu verbringen oder gar eingeschläfert zu werden.

Ich bitte alle seriös arbeitenden Tierschutzvereine mitzuhelfen, dass all die Vereine, die Hunde in Massen, aber ohne Sinn und Verstand nach Deutschland verkaufen, wieder in der Versenkung verschwinden.

Den vermittelnden Verein von Pongo gibt es nicht mehr und das ist auch gut so!

Bitte seid aufrichtig zu den Interessenten und beschreibt die Hunde so ehrlich wie irgendwie möglich. Wenn man nichts über den Hund weiß dann kommuniziert man das auch so. Ich bin immer wieder überrascht, wieviele Hunde als kinderlieb beschrieben werden, die Zeit ihres Lebens in einem Tierheim waren und daher noch nie ein Kind gesehen haben können. Das ist unverantwortlich und hilft weder den Interessenten noch den Hunden und letztendlich schadet es dem Tierschutz im Allgemeinen.

Das vermeintliche Argument, dass es Hunden hier in einem Tierheim besser gehe als im Ausland, lasse ich pauschal so nicht stehen.

Wer das meint den bitte ich, regelmäßig Tierheime aufzusuchen und die Hunde dort zu beobachten, den Großteil des Tages eingesperrt auf wenige Quadratmeter und in ihren Fäkalien liegend. Viele werden aufgrund der isolierten Zwingerhaltung verhaltensauffällig, verletzen sich selbst oder werden aggressiv.

Auch wenn die Tierheime bei uns für das menschliche Auge optisch aufgehübscht werden, für die Hunde bleibt eingesperrt eingesperrt.

Ob die Mauern gestrichen oder eine rosa Decke im Zwinger liegt, interessiert die Hunde wenig.

Auch wenn man es nicht hören will, wir können nicht alle Hunde dieser Welt retten. Jeder kann nur im Rahmen seiner Möglichkeiten seinen Teil zum Tierschutz beitragen. Ich habe fünf Hunde aufgenommen und mehr kann ich nicht leisten.

Wer seine Grenzen nicht erkennt und diese nicht beachtet, kann sehr schnell selbst zu einem Rettungsfall werden. Auch dies geschieht tagtäglich im Tierschutzland Deutschland, vor allem den vielen ehrenamtlichen Helferinnen und Helfern. Es sind Tierschützer und Tieschützerinnen, die helfen wollten und die ihre Tierliebe in den finanziellen Ruin stürzte um dann feststellen zu müssen, dass sie am Ende nur benutzt wurden.

Und auch das erlebe ich immer häufiger in meiner Arbeit: manchmal müssen Hunde vor den Rettern gerettet werden!

Der Beruf Hundetrainerin oder Hundetrainer

Auch wenn dieser Beruf kein Ausbildungsberuf und die Berufsbezeichnung nicht geschützt ist, ist dieser Beruf doch so viel mehr als nur Hunde zu trainieren, auch wenn es vielfach immer noch so praktiziert wird.

Meine langjährige Erfahrung hat mich gelehrt, dass den Hunden nicht aus ihrem Verhalten geholfen werden kann, wenn der Mensch sich nicht ändert. Hunde sind immer ein Spiegel ihrer Menschen und umgekehrt.

Hundetrainer*in zu sein bedeutet in erster Linie Verantwortung, Verantwortung für Mensch und Hund. Ich erlebe immer wieder verzweifelte Menschen, die im guten Glauben den falschen Wegen gefolgt und am Ende ihrer Kraft und ihrer Nerven sind. Und ich sehe Hunde, die trotz vieler verschiedener angewandten Trainingsmethoden bereits mit zwei Pfoten im Tierheim stehen.

Jeder Mensch ist anders und auch jeder Hund. Aus diesem Grund schon kann es DIE eine Methode, das eine Erfolgsrezept nicht geben. Es bringt nichts, den Menschen Aufgaben an die Hand zu geben, die sie nicht erfüllen können. Hier ist Frust bei Mensch und Hund vorprogrammiert und die Folgen sind manchmal verheerend.

Wer mit Hunden arbeiten will, muss mit den Menschen arbeiten, er muss ihnen die richtigen Fragen stellen und zuhören können. Manchmal auch das was nicht gesagt wird.

Als Hundetrainer*in muss man flexibel sein, um das Team wieder zusammenbringen zu können. Daraus ergibt sich, warum viele Probleme in einem Gruppenkurs in einer Hundeschule nicht gelöst werden können. In diesen Gruppenveranstaltungen ist kaum Zeit für die Trainer*innen, sich mit den individuellen Gegebenheiten der Kunden vertraut zu machen. Dort kann, wenn überhaupt, an den Symptomen gearbeitet werden, für die Ursachenforschung aber bleibt keine Zeit.

Um erfolgreich mit Hunden arbeiten zu können, muss man in erster Linie mit den Menschen arbeiten können. Manchmal ist man Zuhörer, Partner und nicht selten sind psychologische Kenntnisse gefragt. Jeder Hundetrainer und jede Hundetrainerin muss über medizinische Grundkenntnisse verfügen, denn manche Verhaltensauffälligkeiten können auf eine Erkrankung des Hundes hindeuten. Man ist dann in der Pflicht, die Menschen mit ihren Hunden zu einem Tierarzt zu schicken, anstatt einkommensorientiert aber sinnlos weiter mit den Hunden zu trainieren, nur um die 10er Karte vollzubekommen.

Und manchmal ist man die letzte Hoffnung für verzweifelte Menschen und ihre Hunde und mir fällt die Geschichte von Tarek und seinen Menschen ein.

Tarek war ein kauskasischer Owtscharka und hatte bereits im Alter von acht Monaten einen weiten Weg hinter sich. Tarek wurde als Welpe nach Deutschland vermittelt und war im Tierheim gelandet, weil alle seine Vorbesitzer mit diesem Hirtenhund nicht zurechtkamen. In seinem letzten Zuhause hatte er sein Herrchen nicht mehr ins Bett gelassen und diesen auch mehrfach gebissen.

Meine Kunden hatten Tarek in einem Tierheim kennengelernt und sind über einen längeren Zeitraum regelmäßig mit ihm Gassi gegangen. Obwohl sie die Geschichte von Tarek kannten, haben sie die Entscheidung getroffen, diesen mittlerweile zweijährigen Kaukasen bei sich aufzunehmen. Sie waren hundeerfahren und sich dieser Herausforderung durchaus bewusst.

Unser erstes Kennenlernen fand bei mir statt. Ich wurde um Unterstützung gebeten, da es mit der Leinenführigkeit von Tarek noch haperte und sie daran arbeiten wollten.

Als wir mein Trainingsgebäude betraten, zeigte mir Tarek sehr deutlich was er von einer Fremden hielt, nämlich nichts. So hielt ich Abstand zu Tarek und seinen Leuten, denn es bringt nichts, wenn man gleich zu Beginn den Hund zu etwas zwingt, was er noch nicht leisten kann. Macht man sich mit dem Wesen dieser Hunde vertraut, weiß man, dass sie hervorragende Wächter sind und jede Annäherung mit Umsicht erfolgen muss.

Sonja und Ralf waren sehr motiviert und auch entschlossen, diese Herausforderung zu meistern und so standen erfahrene Menschen mit einem kaukasischen Schäferhund vor mir, der besonders durch seine Treue gegenüber seiner Familie als auch seiner Furchtlosigkeit und Unerschrockenheit Fremden gegenüber bekannt ist.

Aus diesem Grund war auch ich besonders gefordert, um Tarek und seinen Menschen weiterhelfen zu können. Ich hielt mich im Hintergrund und leitete das Paar an und gab ihnen Tipps, wie sie ihre Haltung und Führung noch verbessern konnten. Sonja und Ralf nahmen meine Ratschläge gerne an und am Ende dieser Stunde lief Tarek gut an der Leine.

Einige Zeit hörte ich nichts von dem Paar und war umso überraschter, als ich nach Weihnachten eine lange E-mail von ihnen bekam.

Sonja schilderte mir, dass Tarek Ralf bereits mehrfach angegriffen und Tareks Aggressivität an Weihnachten seinen Höhepunkt erreicht hatte. Sie hatten Besuch und nachdem dieser sich verabschiedet hatte, haben sie mit dem Aufräumen begonnen. Tarek lag während dieser Zeit auf seinem Platz und von einer Sekunde auf die andere ist Tarek zuerst auf einen Stuhl gesprungen und von dort aus auf Ralf.

Aufgrund dieser unerfreulichen Entwicklung entschloss ich mich, meinen Weihnachtsurlaub zu unterbrechen und bin sofort zu dem Paar gefahren. Was ich dort sah machte mir nochmal bewusst, welche Verantwortung auf meinen Schultern lag.

Als ich eintrat wollte Tarek sofort auf mich losstürmen, und Ralf hatte alle Mühe, dieses Kraftpaket mit der Leine zu halten. Sonja hatte diesen Gesichtsausdruck, den ich bereits häufiger bei meinen Kunden gesehen habe. Sonjas Blick zeigte sehr deutlich die Sorge um Ralf, aber auch dass Tarek bereits auf dem Weg zurück ins Tierheim war.

Zunächst berichteten die Beiden von den zunehmenden Angriffen gegen Ralf und sie vermuteten, dass Tarek Sonja beschützen wollte. Dies hatten sie als Ursache für die Aggressionen gegen Ralf ausgemacht und wussten sich trotz ihrer Hundeerfahrung nicht mehr zu helfen.

Um zu wissen, wo ich ansetzen kann, musste ich den wahren Auslöser für Tareks Angriffe gegen Ralf herausfinden. Ich bat das Paar, mir nochmals die Szene zu schildern, die den heftigen Angriff ausgelöst hatte. Sonja berichtete mir, dass sie den Tisch abgeräumt und die Stühle und den Tisch wieder an ihren Urspungsort gebracht hatten. In diesem Moment ahnte ich, was der wahre Auslöser war und bat Ralf, Tarek gut zu halten.

Ich stand auf, verschob meinen Stuhl und in diesem Moment schoß Tarek wie eine Rakete hoch und wollte mich angreifen. Ralf hatte alle Hände voll zu tun, diesen kraftvollen Hund zu halten. Damit Tarek sich wieder beruhigt, sprach Ralf behutsam auf seinen Hund ein, doch Tarek beruhigte sich nicht, so dass Ralf Tarek ins Platz zwang. In diesem Moment verschob ich meinen Stuhl abermals und das Spiel wiederholte sich, Tarek sprang auf und stemmte sich mit aller Kraft in die Leine. Dies ist ein sehr gutes Beispiel, warum Grundkommandos keine Problemlöser sind.

Nun hatte ich Gewissheit, Auslöser für Tareks aggressiven Verhaltens war nicht sein vermuteter Beschützerinstinkt, sondern das kratzende Geräusch eines rutschenden Stuhls. Hob ich den Stuhl hoch, um ihn woanders hinzustellen, zeigte Tarek keinerlei Reaktionen.

Nachdem nun der wahre Auslöser gefunden war, konnte die eigentliche Arbeit beginnen. Die Menschen anzuleiten, wie sie mit diesem Verhalten umgehen können und auch müssen.

Ich arbeitete vor allem mit Ralf, da er hauptsächlich in Tareks Visier stand. Anhand Tareks Verhalten und Ausdruck lernte ich Ralf, auf die ersten Anzeichen von Tarek zu achten und bereits in diesem Moment zu reagieren. Ich erklärte Ralf, dass er auf seinen Hund keinen Einfluss mehr nehmen kann, sobald Tarek wie ein Berserker in der Leine hängt.

Ich habe immer wieder Stühle verschoben und Ralf machte gute Fortschritte, auch wenn er zu Beginn noch etwas langsam war. Allerdings bemerkte ich, dass Ralf Mühe hatte, Tarek mit aller Entschlossenheit in seine Grenzen zu weisen und so fragte ich nach seinem Beruf und Ralf erzählte mir, dass er Pädagoge ist. Ich dachte nur oh je, das könnte etwas schwieriger werden und so griff ich in meine Trickkiste.

Ich setzte mich in die Mitte der Küche auf einen Stuhl, wies Ralf auf meinen Stundenlohn hin und dass ich so lange hier sitzen bleiben werde, bis er Tarek mit allem was in ihm steckt, entgegentritt.

Sonja und Ralf sahen mich mit großen Augen an, als ob sie mich fragen wollten, ob bei mir noch alle Stühle gerade stehen. Ich sagte zu Ralf, dass jeder Mensch auch eine dunkle Seite in sich trägt, auch ein Pädagoge, und ich nicht eher gehen werde bevor ich seine dunkle Seite gesehen habe.

Diese Ansage hatte seine Wirkung nicht verfehlt. Wir übten genau dreimal den Angriff und zweimal war Ralf der Pädagoge und ich quittierte jeden seiner Versuche mit einem Kopfschütteln. Beim dritten Versuch war es dann soweit, Ralf explodierte förmlich. Als ich abermals meinen Stuhl verrutschte und Tarek hochgehen wollte, sprang Ralf mit einer Wucht auf und schrie Tarek mit einer Entschlossenheit an, die selbst mich überraschte und Tarek veranlasste, sich sofort zu beruhigen.

Aber genau das war es! Obwohl ich überwiegend ohne Worte oder Kommandos, dafür aber mit viel Ruhe und Geduld arbeite, war es in diesem Fall genau das Richtige. Ralf musste etwas rauslassen und bei Tarek musste er den Pädagogen loslassen, um sich seinen Respekt zu erarbeiten.

Einen Hund, der derart heftig reagiert und auch zum Angriff bereit ist, kann man nicht ausschließlich mit Liebe und Verständnis aus seinem Verhalten heraushelfen. Dieser Hund braucht Menschen, die sich ihm mit derselben Energie und Entschlossenheit entgegenstellen und ihm auf einer Ebene begegnen.

Nach dieser Lektion konnte es so richtig losgehen und ich bat nun Sonja die Stühle zu verschieben und Ralf musste sich weiterhin den Respekt seines Hundes erarbeiten. Tarek aber war sichtlich von dem neuen Ralf beeindruckt und beruhigte sich zusehends. Nach zwei Stunden dann war es geschafft, Tarek reagierte nicht mehr auf die Geräusche und blieb entspannt auf seinem Platz liegen, auch wenn ein Stuhl verrutscht wurde.

Ich wies das Paar an, auf diesen Abend aufzubauen und mit Tarek immer wieder zu üben. Sonjas Gesichtsausdruck hatte sich zwischenzeitlich wieder geändert und bei unserem Abschlußgespräch bestätigte sie meinen ersten Eindruck. Sie war am überlegen, Tarek wieder ins Tierheim zu bringen, doch nun war sie wieder voller Hoffnung und wollte unbedingt mit Tarek und auch Ralf weiterarbeiten.

Als ich mich verabschiedete war ich guter Dinge, diese Beiden werden es hinbekommen.

Nach etwa zwei Wochen bekam ich die Info, dass sich Tareks Verhalten erheblich verbessert hat. Gelegentlich reagiere er noch, aber bei weitem nicht mehr in der Häufigkeit wie vor meinem Besuch und auch nicht in der alten Intensität. Allerdings hätte sich ein neues Problem aufgetan und Tarek greift Ralf an, sobald sie gemeinsam kochen.

Ich bat Sonja auf die Geräusche zu achten, ob Tarek etwa auf das Öffnen von Schubladen oder ähnliches reagiert. Kurze Zeit später wurde mir meine Vermutung bestätigt und auch hier mit Tarek gearbeitet.

Nach weiteren sechs Monaten bekam ich erneut einen Erfahrungsbericht und was ich las, war mehr als erfreulich. Mittlerweile kann das Paar Besuch empfangen und Tareks Aggressionen gehören der Vergangenheit an, weil sie von mir gelernt haben, auf die ersten Anzeichen von Tarek zu achten und entsprechend zu reagieren.

An diesem Beispiel zeigt sich sehr deutlich die Schwachstelle des vielfach heute noch praktizierten Hundetrainings. Viele Hundetrainer*innen und auch die aus dem Boden geschossenen Ausbildungsinstitute haben ihre eigenen Methoden entwickelt, um Hunde zu trainieren. Die einen schwören auf den Einsatz eines Clickers, die anderen auf die Gabe von Leckerlies oder das Üben von Kommandos. Dies erscheint vielen als der leichtere Weg, arbeitet man doch lediglich an den Symptomen und bringt den Halter*innen nur bei, wie sie ihre Hunde in schwierigen Situationen ablenken können.

Daher verwundert es auch nicht, dass viele Hundetrainer*innen es ablehnen, mit schwierigen oder gar aggressiven Hunden zu arbeiten. Um aber eine dauerhafte Verhaltensänderung der Hunde erreichen zu können, muss man das wahre Problem erkennen können und an diesem arbeiten. Erst dann haben Mensch und Hund eine echte Chance, um ihre Beziehung auf eine neue Grundlage stellen zu können.

In Tareks Fall war das Erkennen des Auslösers für seine Aggressionen der Schlüssel zur Lösung. Alles andere, so bin ich mir sicher, hätte für ihn der Weg zurück ins Tierheim bedeutet.

Leinenaggression

Ein gutes Beispiel für den eingeschlagenen Irrweg im Hundetraining ist das Gassi gehen. Viele Hundehalter*innen haben ihre Freude daran verloren, weil der zuhause liebste Hund zur Kampfmaschine mutiert, sobald die Haustür geöffnet wird.

Draußen finden Frauchen oder Herrchen keine Beachtung mehr, der Hund macht was er will. Er zieht und zerrt an der Leine und nicht selten seine Menschen mit.

Hundebegegnungen sind eine Katastrophe und sobald Radfahrer, Kinder, Männer oder auch fahrende Autos in Sichtweite kommen, ist der Hund kaum noch zu halten. Der Hund bellt lautstark und der Mensch schreit und schwitzt, doch der ehemalige Schmusebär ist wie von Sinnen und reagiert auf nichts mehr.

Je mehr der Mensch versucht, seinen Hund mit der Leine zurückzuziehen, desto mehr hängt er sich rein. Ein Kreislauf, der erst endet, sobald das schützende Heim erreicht ist und die Kampfmaschine wieder zum Schmusebär wird.

Das Problem ist schnell erkannt: der Hund hat eine Leinenaggression und braucht dringend Training. Sofort werden die entsprechenden Kurse gebucht und das Training kann beginnen, Samstag für Samstag. Es werden entsprechend den Anweisungen des Trainers Leckerlies gehortet, um den Hund in den schwierigen Situationen ablenken zu können.

Reagiert der Hund aufgrund seines Stresspegels nicht auf diese wohlriechendende Ablenkung, wird das Training umgestellt und ein Clicker muss her. Und so wird geclickert was das Zeug hält. Click – Leckerlie, Click – Leckerlie usw. Manche haben sich für diese Art des Ablenkungsmanövers den wohlklingenden Begriff „Click for Blick" einfallen lassen. Um betroffene Hundehalter*innen immer wieder für die Kurse animieren zu können, muss man sich neue Begriffe für alte Methoden überlegen.

Sollte der Mensch mit dem geclickere nicht zurechtkommen, werden die Halter*innen angemahnt, den perfekten
Zeitpunkt des Clicks und die Verabreichung eines Belohnungsleckerlies nicht zu übersehen.

Statt fortan entspannt Gassi zu gehen, müssen die Halter*innen nun ständig die Umgebung scannen, damit der Click auch zur rechten Zeit erfolgen kann. Die Folge dieses Ablenkungtrainings ist nicht unerheblich. Der Mensch ist nicht in Verbindung mit seinem Hund und hat auch kaum die Zeit, auf diesen und seine Kommunikation zu achten. Das größte Problem an dem Einsatz dieses Hilfsmittels ist, dass auch hier lediglich an den Symptomen trainiert wird. Warum aber der Hund in diesen Situationen derart reagiert, bleibt vollkommen unberücksichtig.

Es wird auch nicht besser, wenn den betroffenen Hundehalter*innen Wasserflaschen in die Hand gedrückt werden. Sobald Schmusebär, aus welchen Gründen auch immer, an der Leine „pöbelt", bekommt er einen ordentlichen Strahl Wasser ab und die Menschen sind begeistert. Bereits nach wenigen Duschen kuscht der Hund und meidet alles, was sich bewegt. Manchmal jedoch auch sein Frauchen oder Herrchen.

Besonders bei dem Einsatz von Wasserflaschen oder Rütteldosen wird etwas Entscheidendes übersehen: der Hund wird von seinem Menschen für sein ganz normales Verhalten gemaßregelt und für seine Art der Kommunikation bestraft. Vertrauen schafft dies nicht, im Gegenteil. Vielfach sind als Folgen des Einsatzes dieser fragwürdigen Hilfsmittel Meideverhalten des Hundes bis hin zu Aggressionen, auch gegen seine Menschen, zu beobachten.

Wieder andere Trainer*innen schwören auf die Macht der Worte, die Kommandos. Und so hört man viele Menschen Fuß! Fuß! Fuß! kommandieren, sobald Gefahr droht.

Einen Hund kann man durchaus mit Kommandos an seine Seite befehlen, sein Vertrauen aber nicht.

Diese Symptombehandlung lässt so manche Menschen äußerst kreativ werden. Viele meiner Kunden haben mir von kuriosen Trainingsmethoden berichtet, die mich sprachlos machten und mir unvergessen bleiben werden.

Die Halterin eines Herdenschutzhundmischlings bat mich um Unterstützung. Sie berichtete mir, dass sie bereits mehrere Trainer*innen konsultiert hatte, um die Aggressionen ihres Rüden in den Griff zu bekommen. Dieser hatte bereits mehrfach Besucher, die das Haus betreten wollten, angegriffen und auch verletzt. Gassi gehen war so gut wie unmöglich, da sie Kero nicht halten konnte, sobald sie draußen waren und sich etwas bewegt hat. Er wollte alles angreifen. Mittlerweile war sie mit ihren Nerven am Ende, denn alle hatten ihr etwas anderes geraten, doch Kenos Verhalten habe sich nicht gebessert, im Gegenteil. Seine Aggressionen haben sich weiter verstärkt. Nachdem der letzte zu Rat gezogene Trainer ihr den Tipp gegeben hatte, ihrem Hund bei auftretender Aggression eine Gießkanne auf den Kopf zu schlagen, hat sie ihn des Hauses verwiesen und zum Glück diese "Trainingsmethode" nicht angewandt.

Eine weitere Familie hatte mich um Rat gebeten, weil ihr Golden Retriever draußen bei Hundebegegnungen stark reagiert hat, mitunter auch aggressiv auf die entgegenkommenden Hunde losgehen wollte. Von einer Trainerin wurde ihnen geraten, diese kritischen Situationen „schön zu füttern". Auf meine ungläubige Nachfrage, was dies sein soll, bekam ich folgende Antwort:

Immer wenn ihnen auf dem Gassigang ein Hund begegnet und ihr Hund an der Leine reagiert, soll sie ihrem Hund Fleischwurst füttern. Sollte der entgegenkommende Hund Aggressionen zeigen und ohne Leine laufen, soll sie die Fleischwurst in eine andere Richtung werfen. Der angreifende Hund wird in diesem Moment von seinem Ansinnen ablassen, der Fleischwurst folgen und diese fressen. In diesem Moment soll sie den fremden Hund an die Leine nehmen und ihn am nächsten Baum festbinden.

Selbst beobachtet habe ich einen Hundetrainer, der einem Terrier-Mix, der an der Leine aus großer Ängstlichkeit alle entgegenkommenden Hunde angebellt hat, seinen Schlüsselbund mit aller Wucht auf den Kopf geworfen hat. Nachdem ich meinen Blicken kaum trauen wollte, wiederholte er seinen Schlüsselbundwurf und war anschließend stolz auf seinen schnellen Erfolg. Was er aber ignorierte war, dass der Hund sich kaum noch zu bewegen traute. Am nächsten Tag zeigte der Hund wieder sein altes Verhalten, mit einer Änderung. Nun reagierte er auch seiner Halterin gegenüber mißtrauisch und biss sie, als sie ihm die Leine umlegen wollte. Der Hund wurde für seine Angst von seinem Menschen bestraft.

Ein anderer Hundetrainer hat mir berichtet, dass man einen Hund, der nicht auf Kommando den Befehl Sitz oder Platz ausführt, durchaus die Leine über den Rücken ziehen kann. Er habe es selbst bei sich ausprobiert und festgestellt, dass dies nicht schmerzhaft ist und überhaupt können Hunde so einiges ab. Kurze Zeit später erklärte mir derselbe Trainer, dass Hunde zunehmend in den aus dem Boden schießenden Hundeschulen „versaut" würden.

Auch wenn die Hunde nach dem Einsatz solch fragwürdiger Methoden kurzfristig wie vom Menschen gewünscht funktionieren, treten die häufig unerwünschten Nebenwirkungen kurze Zeit später auf.

Das "Schönfüttern" hatte zur Folge, dass der Hund enorm zugenommen hat und auch seine Dauerfütterung mit Fleischwurst nach kurzer Zeit durch Schnappen nach seiner Halterin, für diese schmerzhaft, eingefordert hat.

Die Schlüsselbundmethode hatte zur Folge, dass der ohnehin ängstliche Hund nun auch vor seinem Frauchen zurückgewichen ist und sie zähnefletschend angeknurrt hat, sobald sie sich ihm auch nur nähern wollte.

Viele Hundetrainer*innen empfehlen bei Verhaltensproblemen von Hunden, besonders bei Rüden, eine Kastration. Daher werde auch ich häufig mit der Frage konfrontiert, wie ich zu einer Kastration stehe.

Solch eine Empfehlung spreche ich nicht aus. Die wenigsten Hundetrainer*innen, auch ich nicht, haben ein Studium der Veterinärmedizin abgeschlossen. Eine Kastration muss immer mit einem Tierarzt besprochen und abgeklärt werden, denn die Auswirkungen auf die Gesundheit und auch auf das Verhalten der Hunde können gravierend sein. Zudem widerspricht eine „Proformakastration" dem Sinne des Tierschutzgesetzes.

Wir Hundetrainer*innen tragen eine große Verantwortung. Daher sollte man auch einen Auftrag ablehnen, wenn man mit dem Verhalten des Hundes oder auch mit seinen Kunden überfordert ist. Man darf nicht zu fragwürdigen Mitteln greifen, nur um irgendetwas getan oder geraten zu haben. Das kann gravierende Auswirkungen haben – für Mensch und Hund!

Um das, was die Fachwelt als Leinenaggression bezeichnet, dauerhaft in den Griff zu bekommen, muss an der Ursache gearbeitet werden. Auch wenn viele Menschen es nicht hören wollen, meist ist es der Mensch am anderen Ende der Leine und viele erleben es selbst in ihrem Umfeld. Eine vermeintlich leinenaggressive Kampfmaschine bleibt an der Leine ein Schmusebär, sobald ein anderer Mensch die Leine hält.

Für mich bekommt der Begriff Leinenaggression eine ganz andere Bedeutung, wenn ich all die Menschen sehe, die an der Leine ziehen und zerren und ihre Hunde mit aller Kraft zurückreißen. Um diesem Teufelskreis zu entfliehen reicht es manchmal aus, seinen verkrampften Leinenhaltegriff ein wenig zu lockern, damit sich der Hund entspannen kann. In allen anderen Fällen muss sich Unterstützung gesucht werden, bei der sich Mensch und Hund wohl und verstanden fühlen.

Nachdem das Rad des Hundetrainings nicht ständig neu erfunden werden kann, halten wieder Methoden einzug, die längst als überholt galten. Es wird wieder vermehrt dazu übergegangen, Hunde zu unterwerfen und zu dominieren.

Die Sache mit der Dominanz

Der Mensch hat sich so seinen eigenen Umgang und Sichtweise mit der Dominanz zurechtgelegt, er setzt Dominanz mit Macht gleich und übt Druck von oben nach unten aus.

Viele neigen dazu, alles und jeden dominieren zu wollen. Die Eltern ihre Kinder, die Vorgesetzten ihre Mitarbeiter*innen und die Hundehalter*nnen ihre Hunde. Es wird befohlen und kommandiert was das Zeug hält, geführt und geleitet aber wird nicht. Die Ergebnisse sind teilweise erschreckend:

Kinder rebellieren gegen ihre Eltern und Lehrer, der Job macht viele Menschen krank an Körper, Geist und Seele und Hunde werden verhaltensauffällig.

Dieser Umgang mit der Dominanz wird auch in das Verhalten der Hunde hineininterpretiert.

- Ein Hund, der knurrt ist dominant
- Ein Hund der Befehle ignoriert ist dominant
- Ein Hund, der seine Pfote auf was auch immer auflegt, ist dominant

Diese Aufzählung könnte ich noch um zahlreiche Beispiele erweitern, richtiger wird sie dadurch aber nicht.

Noch immer, oder auch wieder, wird die Meinung vertreten, dass man seinem Hund zeigen muss, wer der Rudelführer ist. Vor noch nicht allzu langer Zeit wurde dies mittels Stachelhalsbänder, Teletakt oder Tritte und Schläge versucht durchzusetzen. Der Mensch hat dem Hund gezeigt, wer der Chef ist.

Als Ergebnis ist häufig zu beobachten, dass diese malträtierten Hunde zwar dem Menschen Gehorsam zeigen, jedoch nicht aus Respekt, sondern aus Angst vor seinen Strafen.

Aber was genau ist Dominanz und wie funktioniert sie wirklich? Dazu gibt es eine einfache, aber treffende Erklärung.

Unter Dominanz versteht man in der Biologie und Anthropologie den Zustand, dass die einen Individuen gegenüber den anderen Individuen einen hohen sozialen Status aufweisen, worauf letztere unterwürfig reagieren.

Dazu ein Beispiel: Individuum A schränkt die Rechte und Freiheiten von Individuum B ein und gesteht diese Rechte und Freiheiten sich selber zu, was von B akzeptiert wird.

Dominanz ist immer beziehungsspezifisch und ist zeit- und situationsabhängig.

Dominanz findet also von unten nach oben statt.

Hierzu führe ich ein Beispiel an, wie es tagtäglich in unseren Haushalten geschieht.

Wenn ein Hund zu uns kommt, wird immer noch gerne empfohlen, diesen erstmal in Ruhe ankommen zu lassen. Bereits zu diesem Zeitpunkt aber wird durch die Führungs- und Orientierungslosigkeit des Hundes der Grundstein für spätere Verhaltensprobleme gelegt. Wenn der Hund dann beginnt, die Rechte und Freiheiten seines Menschen einzuschränken, ist dieser gerne bereit diese seinem Hund zuzugestehen. Der Mensch freut sich, dass der Hund nun ankommt und auftaut. Regeln hat der Mensch keine aufgestellt, dies hat der Hund übernommen.

Ein Hund aus dem Tierschutz kommt ins Haus und macht sich auf der Couch breit. Allzugern überlässt der Mensch diesem armen Wesen seinen Platz und ist voller Freude, dass der Hund endlich ein warmes Sofa zum Ruhen hat.

Diese Freude hört erst auf, wenn der Hund nunmehr seine Couch mit Knurren und Schnappen verteidigt und dem Menschen nur noch der Platz auf dem Boden bleibt.

Hier hat der Hund die Rechte und Freiheiten für sich beansprucht und der Mensch hat es akzeptiert, die Regeln hat der Hund aufgestellt.

Alle Hundehalter*innen, denen gesagt wurde, dass sie einen dominanten Hund hätten, können sich beruhigen. Kein Hund will sich die Weltherrschaft unter die Pfoten reißen.

Mensch und Hund leben in einem Sozialverband zusammen, in dem einer die Führungsposition einnehmen muss und dies sollte der Mensch sein. Wird diese Position ruhig, souverän und selbstbewusst wahrgenommen, vertrauen sich unsere Hunde uns an.

Mit dem krampfhaften dominierenwollen unserer Hunde hindern wir uns selbst daran, die wirklichen Bedürfnisse unserer Hunde zu erkennen und sie als das zu sehen was sie sind: Hunde und so ganz anders als die Menschen!

Hundetraining auf der Couch?

Das Internetzeitalter bringt es mit sich, dass mittlerweile bei Problemen jeglicher Art zuerst Dr. Google nach Abhilfe gefragt wird. Dieser Trend ist auch bei der Hundehaltung angekommen und so ist Google Ansprechpartner Nummer eins, wenn Unterstützung benötigt wird, dicht gefolgt von Facebook.

Man braucht nur den entsprechenden Suchbegriff eingeben und schon öffnen sich unzählige Seiten mit den verschiedensten Tipps und Tricks, wie man seinen Hund am besten trainiert, erzieht oder ausbildet.

Ist man mit all seinen Versuchen, den Hund beim Gassi an seiner Seite zu halten, gescheitert und an seine Grenzen gekommen stellt sich die Frage, was tun?

Eine Hundeschule aufsuchen und Samstag für Samstag auf einem zugigen Platz zu stehen, um irgendwelche Übungen zu absolvieren, erscheint Vielen zu aufwändig. Eine Hundetrainerin oder einen Hundetrainer konsultieren? Oh je, die wollen für ihre Arbeit bezahlt werden.

Folglich wird erst einmal das Internet befragt, gibt es dort doch Anleitungen ohne Ende zum Nulltarif. So wird Seite für Seite durchgelesen und alles ausprobiert, was eine schnelle Heilung des problematischen Hundes verspricht.

Doch bei der Umsetzung der verschiedenen Übungen hapert es. Was hat der Ratgeber wie gemeint? Die Leine noch lockerer oder doch fester halten?

Diese Fragen kann nur ein Video beantworten. Also schnell zu YouTube wechseln und eine schier erschlagende Anzahl an Videos erscheint. Der Mensch verbringt Stunde um Stunde, um all die Filmchen zu sichten.

Jedes Video zeigt eine andere Trainingsmethode und viele Onlinehundetrainer*innen empfehlen jeweils den Einsatz anderer Hilfsmittel, aber alle versprechen den schnellen Erfolg.

Motiviert wird ausprobiert und ausprobiert, mal muss der Hund links herum, und mal rechts herum und wenn der Hund auf diese Tipps nicht anspringt, wird die nächste Empfehlung versucht. Es muss doch mal klappen!

Wenn alles nicht den gewünschten Erfolg gebracht hat, wird ein Webinar gebucht. Wie bequem ist es doch im warmen Wohnzimmer zu sitzen und sich alles reinzuziehen, was irgendwie mit den eigenen Problemen zu tun hat. Man muss das Haus nicht verlassen und es kostet weniger, als ein Seminar zu besuchen.

Wie ist der Mensch nur vor der Erfindung des Internets mit den Hunden zurechtgekommen?

Bei diesen meist kostenlosen Onlineangeboten wird etwas ganz Entscheidendes übersehen, das Wesen von Hund und Mensch. Mag sein, dass die Onlinehundetrainer*innen mit diesem Hund und ihren Methoden zurechtgekommen sind. Bei einem anderen Mensch-Hund-Team kann dies aber ganz anders aussehen.

Völlig außer Acht wird bei diesen Übungen gelassen, dass lediglich versucht wird, jemand anderen zu imitieren. Man wird zu einer Kopie eines Menschen, der man niemals sein kann und verliert seine Authentizität.

Auch hier kann und wird lediglich an den Symptomen der Probleme gearbeitet, obwohl deren Ursachen meist ganz woanders liegen.

Liegen die Probleme des Hundes in einem mangelnden Vertrauen in seine Menschen, werden alle Übungen keine dauerhafte Verhaltensänderungen bewirken.

Dazu braucht es ein Trainer/in-Kund/in-Hund Team, es erfordert Trainer*innen, die die Menschen führen und anleiten und auch ein Auge für Kleinigkeiten haben, die sich im Laufe der Zeit zwischen Mensch und Hund eingeschlichen haben. Hier gilt es für Trainerinnen und Trainer diese zu erkennen und ggf. auch den Menschen zu unterstützen, diese abzulegen. Man muss mit einem Herrchen, dessen Schäferhund seinen Menschen beschützt anders arbeiten als mit einem Frauchen, deren Labrador völlig überdreht ist, obwohl beide dasselbe Symptom zeigen: eine Leinenaggression.

Wenn die Grundsubstanz in der Mensch und Hund Beziehung nicht stimmt, kann der Gassigang nicht funktionieren.

Auch mich erreichen online viele Anfragen, in denen mir die Verhaltensprobleme ausführlich beschrieben werden, verbunden mit der Bitte nach einigen Tipps und Tricks, damit der Hund Dieses oder Jenes ablegt.

Diese Anfragen muss ich klar verneinen. Es gibt kein „ziehen Sie ihren Hund dreimal am Schwanz, drehen Sie sein linkes Ohr viermal gegen den Uhrzeigersinn und rupfen Sie ihm zehn Haare aus" und dann funktioniert er wie gewünscht.

Für meine Arbeit ist es zwingend erforderlich, Hund und Mensch immer selbst zu sehen. Nur dann kann ich die Situation und das Verhalten des Hundes richtig einschätzen und die entsprechenden Lösungswege aufzeigen. Wird z.B. nicht die Unsicherheit eines Hundes als Ursache seiner Verhaltensauffälligkeiten erkannt und nach Schema F gearbeitet, kann aus einem unsicheren Hund schnell ein aggressiver Hund werden.

Auch muss man manchmal aufgrund des Verhaltens des Hundes sehr schnell reagieren, rein intuitiv und von einer Sekunde auf die andere eine Entscheidung treffen. Zeit, um lange zu überlegen oder nebenbei Erklärungen abzugeben, hat man dabei nicht.

Es gibt leider keine Bedienungsanleitung, die für alle Hunde gilt. Hunde sind Lebewesen mit unterschiedlichen Stärken, Schwächen und auch Kompetenzen wie wir auch. Wenn es wirklich so einfach wäre, gäbe es nicht die stetig steigende Zahl von Hunden, die sich nicht mehr zurechtfinden und uns dies auf ihre Art und Weise mitteilen.

Auch wir Hundetrainer*innen gelangen irgendwann einmal an unsere Grenzen, an denen auch wir nicht mehr weiterkommen. Dies zuzugeben ist ein Zeichen von wahrer Größe und die Chance für den hilfesuchenden Menschen, den für sich passenden Trainer oder Trainerin zu finden und darauf kommt es an.

Die Zahl der Problemhunde steigt

Trotz aller Erziehungs- und Trainingsmethoden, Erziehungsratgebern und immer neuen wissenschaftlichen Erkenntnissen über Hunde steigt die Zahl der Problemhunde rasant und es werden immer mehr Hunde in Tierheimen abgegeben. Es stellt sich die Frage, warum immer mehr Menschen nicht mehr mit Hunden zurecht kommen?

Um der Ursache auf den Grund zu gehen, werfe ich einen kurzen Blick zurück in die gemeinsame Geschichte von Mensch und Hund. Mensch und Hund haben seit Jahrtausenden zusammengelebt, zusammengefunden weil man sich gegenseitig das Überleben sichern konnte.

Die Menschen machten sich die hervorragenden Jagdeigenschaften der Hunde zu eigen. Man ging gemeinsam auf die Jagd und für Beide fiel genug Futter ab, man war Partner auf Augenhöhe.

Dies änderte sich, als der Mensch sesshaft wurde und sich der Viehhaltung widmete. Dass sich die ehemaligen Jagdkumpane an den eigenen Schafen bedienten, war nicht erwünscht. Unter den einstigen Jagdgenossen begann ein Kampf um die Ressource Futter. Vielen Hunden hat dies ihre Leben gekostet, gegen die Waffen der Menschen waren sie wehrlos.

Die Menschen erkannten allerdings die herausragenden Eigenschaften der Hunde wie Intelligenz, Wachsamkeit, hervorragender Geruchs- und Gehörsinn sowie den Jagdtrieb. Mit der Veränderung der Menschen mussten sich auch die Hunde verändern. Wilde Hunde waren den Menschen nicht von Nutzen und so begann man, Hunde für spezielle Aufgaben zu züchten, je nachdem welchen Zweck sie für den Menschen erfüllen sollten.

Man begann, Hunde für sich arbeiten zu lassen. Sie bewachten Haus und Hof, beschützten die Viehherden oder halfen bei der Nahrungsbeschaffung, der Jagd. Auch transportierten sie Waren für die Menschen oder waren ihnen ein zuverlässiges Fortbewegungsmittel bei weiten Strecken. Man nannte Hunde die Pferde des armen Mannes.

Die Hunde waren mit diesen Aufgaben voll und ganz ausgelastet und schon damals wussten die Menschen um die Bedürfnisse der Hunde und gönnten ihnen genügend Schlaf- und Ruhephasen.

Die Menschen aber veränderten ihre Lebensweise immer weiter, sie wurden zu Landwirten und versorgten sich größtenteils mit dem, was sie selbst angebaut hatten. Hund und Mensch wurden abermals zu Partnern. Die Hunde erledigten ihren Job als Wächter oder Hüter und als Lohn gab es Futter. Dieses Futter bestand hauptsächlich aus den Essensresten der Menschen, den Rest holten sie sich bei der Jagd. Trotz dieser aus heutiger Sicht tödlichen Ernährung waren die Hunde erstaunlich robust und widerstandsfähig. Sie lebten draußen, egal bei welcher Witterung, und niemand machte sich Gedanken, ob die Hunde einen Hitzeschock bekommen oder ob sie sich bei Regen eine Erkältung einfangen könnten.

Die Veränderung der Lebensweise der Menschen ging noch weiter. Statt für sich selbst zu arbeiten und sich selbst zu versorgen, ging man für andere arbeiten. Man ging in Fabriken, um Geld zu verdienen. Mit diesem erkaufte man sich ein angenehmeres Leben mit vielen Dingen, die man nun meinte, brauchen zu müssen: Autos, Möbel, Designerbekleidung, Smartphone, SmartTV, Smart Home etc.

Für die Menschen bedeutete dieses neue smarte Leben eine drastische Wandlung. Statt in großen Familien eingebettet zu sein, lebte man vielfach in einer fremden Stadt und ein neues Gefühl kam auf: die Einsamkeit.

Für die Hunde bedeutete die Einläutung der Urbanisierung des Menschen abermals, dass sie ihren Job verloren. Es gab kaum noch Höfe, die diese herausragenden Jäger, Wächter oder Hüter benötigten.

Sie waren die großen Verlierer des als fortschrittlich bezeichneten Lebensstils der Menschen und dies hat auf unsere Hunde Auswirkungen bis heute.

Wieder machte sich der Mensch den Hund zu Nutze, allerding waren sein robustes Äußeres und seine Eigenständigkeit nicht mehr erwünscht.

Der Mensch begann wieder Hunde zu verändern, sie mussten kleiner und pflegeleichter werden. Durch diverse Züchtungen kreierte man Hunde, die den Wünschen der neuen Menschen entsprachen, auf die Gesundheit der Hunde wurde allerdings weniger geachtet. Die Optik musste den Vorstellungen der Hundeliebhaber*innen entsprechen und ihre Emotionen ansprechen.

Bis heute sind Hunde hervorragende Jäger, Wächter oder Hüter. Bis heute steht unseren Hunden eines an erster Stelle: ihr Überleben! Dazu gehört Futter und die Fortpflanzung der eigenen Art. Im Grunde haben Mensch und Hund diese Triebe gemeinsam, doch dem Menschen genügt das nicht mehr. Der Mensch will mehr - mehr Geld, mehr Luxus, mehr Besitz!

Unser größtes Bestreben war und ist, uns und unsere Welt zu optimieren und sie an unsere Bedürfnisse anzupassen, unsere Lebensweise immer angenehmer zu gestalten und uns von anderen abzuheben, von was auch immer.

Diese Optimierung haben wir auch auf unsere Hunde übertragen und wollen sie immer weiter an unser Leben anpassen. Die Anforderungen an die Hunde sind enorm. Heute haben sie die Aufgabe für uns Partnerersatz, Kinderersatz, Seelentröster oder einfach nur bester Freund zu sein. Diese Aufgaben können viele Hunde nicht erfüllen, entsprechen sie doch so gar nicht ihren natürlichen Veranlagungen.

Wir haben Fehler gemacht und selbst die sich häufenden Probleme im Zusammenleben mit unseren Hunden produziert.

Wir haben uns verändert, unsere Hunde aber nicht. Im Grunde sind sie immer noch so einfach strukturiert, wie sie es immer waren. Die Verkomplizierung haben wir durch eine völlig fehlgeleitete Sicht auf unsere Hunde selbst verursacht.

Statt so viel Zeit, Energie und auch Geld zu verschwenden, um unsere Hunde zu verändern, sollten wir bei uns anfangen und uns fragen, warum wir Hunde lieben, sie aber nicht mit all dem was sie ausmacht, akzeptieren wollen oder können.

Die sich häufenden Probleme und auch die steigende Zahl der Todesfälle durch Angriffe von Hunden sprechen eine ebenso deutliche Sprache wie die überfüllten Tierheime und die unzähligen Suchen nach einem neuen Zuhause für den einstigen besten Freund. Wir müssen uns fragen, ob unser heutiges Verständnis von Hunden und all diese Erziehungsversuche noch den natürlichen Bedürfnissen unserer Hunde entsprechen.

Hund und Mensch kommen in dieser neu geschaffenen Luxuswelt kaum noch zurecht und sind gemeinsam in einem Strudel der Überforderung gefangen, aus dem nur der Mensch den Ausstieg einleiten kann.

Der Mensch ist es, der sich abermals ändern muss, der sich auf seine ursprünglichen Stärken besinnen und wieder eigene Entscheidungen treffen muss, anstatt sich durch immer mehr fremde Meinungen und Erkenntnisse immer weiter verunsichern zu lassen.

Durch diese Verunsicherung hat sich im Lauf der Zeit eine erschreckende Naturentfremdung zwischen Mensch und Hund eingestellt. Viele Menschen wissen gar nicht mehr, was ein Hund wirklich ist und welche Bedürfnisse er hat. Hunde werden heute mit einem liebenden Menschenherz und einer rosaroten Emotionsbrille gesehen und manchmal bin ich sehr verwundert, dass nicht mehr passiert. Viele Hunde müssen eine wirklich sehr hohe Frustrationsgrenze haben.

Der tut nix!

Wie sehr sich der Mensch von seinen Hunden entfernt hat, erleben viele Hundehalter*innen bei ihren täglichen Gassigängen. Besonders tragisch verlief eine Hundebegegnung, die ich hier schildern möchte.

Eine junge Familie, Vater, Mutter und die sechsjährige Tochter gehen mit ihrem kleinen Dackelmix Paul Gassi. Sie führen Paul an der Leine und genießen den gemeinsamen Spaziergang. Ihnen kommen mehrere Menschen mit ihren Hunden entgegen, manche sind an der Leine, viele aber nicht. Paul wurde mehrmals von den freilaufenden Hunden bedrängt und seine Menschen baten die entgegenkommenden Passanten vergeblich, ihre Hunde an die Leine zu nehmen.

Die Ersten meinten, die Familie solle sich nicht so anstellen. Die Zweiten bemerkten, dass die Hunde nur spielen wollten und die Familie ihrem Hund den Spaß doch gönnen solle und die Dritten beschimpften die Familie. Während die Menschen in ihren Diskussionen verwickelt waren, musste Paul sich um sich selbst kümmern und die aufdringlichen Besucher abwehren. Hilfe von seinen Menschen bekam er nicht.

Sichtlich genervt von diesem unentspannten Gassigang wollte die Familie den Heimweg antreten, als sie ein älteres Ehepaar bemerkten, die ihren freilaufenden Labrador riefen. Dieser aber reagierte nicht auf die Rufe seiner Menschen, er hatte Paul entdeckt und fixierte ihn. Nun reagierte auch Paul, er sah die Gefahr auf sich zukommen und zerrte an der Leine in Richtung Labrador. Das ältere Ehepaar rief der Familie entgegen, dass sie ihren Hund auch von der Leine lassen sollen, da ihr Hund nix tut und nur mit anderen Hunden spielen will.

Die Menschen beschimpften sich nun gegenseitig und niemand achtete auf die Hunde.

In dieser aufgeheizten Stimmung wurde Paul immer panischer und der Labrador stürmte auf die Familie zu. Er griff zuerst Paul an und verletzte anschließend die weinende Tochter schwer, als diese völlig verängstigt weglaufen wollte.

Auch wenn sich dies wie ein Auszug aus einem schlechten Thriller liest, ist es tatsächlich geschehen. Paul hat die Attacke des Labradors nicht überlebt und die Tochter musste stationär in einem Krankenhaus aufgenommen werden.

Nach Aussagen der Halter war der Labrador bereits zehn Jahre alt und noch nie durch aggressives Verhalten aufgefallen. Aus ihrer Sicht waren der Dackelmix und seine Menschen schuld, da sie Paul nicht beruhigt hatten und dieser den Angriff ihres Hundes durch sein Verhalten ausgelöst hatte.

Aus Sicht der Familie waren der Labrador und seine Halter schuld, sie hätten ihren Hund frei laufen lassen, obwohl sie ihn nicht unter Kontrolle hatten.

Beispiele wie diese ereignen sich tagtäglich. Selbst mir ist auf einem Gassigang ein "Tut Nix" begegnet, als ich mit zwei meiner Hündinnen abends noch eine Runde drehen wollte.

Wie immer führte ich meine Hündinnen an der Leine und sie gingen entspannt neben mir, als ich aus der Ferne eine Frau sah, die uns mit ihrem Rüden, ich nenne ihn mal Flexileinen-Joe entgegenkam. Flexileinen Joe hat den Spielraum seiner Flexileine komplett ausgenutzt, er lief vor und zurück, nach rechts oder links oder aufgeregt vor Frauchens Füßen hin und her. Man merkte deutlich, dass ihn die Halterin am Ende der Leine störte.

Als sich das Flexigespann immer weiter näherte war mir klar, dass das nicht gutgehen konnte. Ich wechselte die Straßenseite, um meinen Hündinnen den unfreundlichen Kontakt mit diesem unerzogenen Rüden zu ersparen.

Als wir in etwa auf gleicher Höhe waren kam die Halterin, gezogen von Flexileinen-Joe, auf uns zu und meine Hündinnen suchten Schutz hinter mir. Ich bat die Frau mit ihrem aufdringlichen Rüden weiter zu gehen, doch die geplagte Hundehalterin keuchte mir entgegen, dass sich die Hunde bereits kennen und Flexileinen-Joe nix tut und er nur mal hallo sagen will.

Kaum hatte sie die Worte ausgesprochen, ging "Tut Nix" mit gefletschten Zähnen auf meine Hündinnen los. Ich bin sofort dazwischen gegangen und der Rüde ist erschrocken zurückgewichen. Offensichtlich hatte er so einen Menschen noch nicht erlebt.

Flexileine, eine überforderte Halterin und ein unerzogener Hund können eine gefährliche Mischung sein.

Dann gibt es noch die „Oben ohne Jacks". Viele Hundehalter*innen wollen ihren Hunden grenzenlose Freiheit schenken und dazu gehört aus ihrer Sicht auch, dass der Hund frei laufen kann. Der eigene Hund soll andere Hunde kennenlernen und mit diesen spielen. Schließlich hat man einen "Tut-Nix" an seiner Seite, der immer fröhlich und zu allen freundlich ist. So einen Ausnahmehund muss man nicht erziehen und der Rückruf ist auch nicht so wichtig, „Tut-Nix" soll glücklich sein und manchmal kommt er ja, meistens aber nicht.

So passiert es vielen Menschen, die ihre Hunde an der Leine führen, immer und immer wieder, dass unangeleinte "Oben ohne Jacks" auf sie zu stürmen, ihren angeleinten Hund bedrängen und immer aufdringlicher werden.

Aus der Ferne hört man Menschen rufen „der tut nix, der will nur spielen!". Bittet man die Halter dann, ihren Hund zu rufen und diesen an die Leine zu nehmen, erntet man böse Blicke und so manche Beschimpfungen. Sogar als Tierquäler wird man bezeichnet, wenn man seinen Hund an der Leine führt und sich unangenehme Kontakte mit all diesen "Tut Nixen" verbittet.

So ist es nicht verwunderlich, dass sich die Beißvorfälle häufen und viele Begegnungen mit diesen verspielten "Tut Nixen" teils schwere Beißereien zur Folge haben. Immer mehr Hundebegegnungen enden tödlich und auch Menschen werden dabei teilweise schwer verletzt, wenn sie versuchen ihre Hunde vor einem "Tut Nix" zu beschützen, um schlimmeres zu verhindern.

Doch selbst hier hält sich die Einsicht vieler der unerzogenen "Tut Nix" Halter*innen in Grenzen und sie geben denjenigen die Schuld, die ihre Hunde an der Leine haben.

Es ist kaum verwunderlich, dass auch zwischen den Hundeliebhaber*innen der Ton rauher und das Vokabular immer heftiger wird. Es wird sich wüst beschimpft, beleidigt und stur an dem Irrglauben festgehalten, dass alle Hunde nur spielen wollen.

Viele meiner betroffenen Kunden und Kundinnen berichten mir, dass sie mittlerweile aufgerüstet haben und ein fester Bestandteil eines jeden Gassigangs ein Regenschirm oder auch ein Tränengas ist, damit sie sich und ihre Hunde schützen können.

Andere wiederrum haben sich andere Strategien zurechtgelegt. Sie rufen den "Tut Nix" Halter*innen zu, dass ihr Hund Flöhe oder Würmer hat und dies verfehlt seine Wirkung meist nicht. Eines aber haben alle gemeinsam, die Freude am Gassi ist ihnen gründlich vergangen und sie suchen sich Zeiten und Orte aus, an denen sie mit ihren Hunden alleine sein werden.

Wenn es um den Hund geht möchte man meinen, dass bei vielen der Verstand aussetzt. Ohne jegliches Verständnis für das Wesen der Hunde und ohne jegliche Kenntnis ihrer natürlichen Verhaltensweisen, möchte man seinem Hund das größtmögliche Glück schenken. Dazu gehört Freiheit ohne Grenzen für den eigenen Liebling, Rücksicht auf andere zu nehmen ist dabei ausgeschlossen. Dazu zählt auch das Wegräumen der Hinterlassenschaften seines Hundes, selber tritt man aber ungern in einen stinkenden Haufen.

Dass der eigene Hund aufgrund seiner Führungs- und Orientierungslosigkeit hoffnungslos mit seiner Freiheit überfordert ist, will man nicht sehen. Man sieht nur, was man sehen will und das ist ein vor Glück lachender Hund. Dass der Mensch in seiner Welt die ersten Warnzeichen der Hunde nicht erkennen kann, erklärt sich von selbst. Auch wenn man seinen Hund mit einem großen liebenden Herzen und durch die rosarote Emotionsbrille sieht: es gibt keinen "Tut Nix"! Hunde können ihr Verhalten von einer Sekunde auf die andere ändern und werden es auch tun, wenn es aus ihrer Sicht notwendig ist. Vor einem verschließen viele Hundehalter*innen fest ihre Augen: auch ein vermeintlicher "Tut Nix" kann sich in ein tödliches Raubtier verwandeln. Wir lesen es viel zu häufig in den Medien, wenn dort berichtet wird, dass ein Hund aus dem nichts ein Kind angegriffen hat – ohne Warnung und einfach so.

In meinem Blog "Pfote today" habe ich einen Artikel mit der Überschrift „Ein Land der Tut Nixe" veröffentlicht und die Resonanz war enorm.

Einige Tage nach der Veröffentlichung des Artikels kam uns wieder Flexileinen-Joe mit seiner Halterin entgegen, allerdings war er diesmal abgeleint und wie ich erfahren habe, war sein Name Bruno.

Als die Frau uns sah rief sie „Bruno hier, Bruno komm, Bruuuuuno du sollst doch nicht so weit vorne laufen, Bruuuuuunoooooo hiiiiiieeeer!!!!!"

Bruno allerdings hat die flehenden Rufe und auch das geschwenkte Leckerchen seiner Halterin komplett ignoriert. Er war ausschließlich an meinen Hündinnen, die ich wieder an der Leine geführt habe, interessiert.

Bruno kam schnurstracks auf uns zugeschossen und sein Ausdruck und das Verhalten meiner Hündinnen zeigte mir, dass er nicht unbedingt spielen wollte.

So wechselte ich die Richtung, hielt Bruno auf Abstand und brachte meine Hündinnen aus dieser für sie unangenehmen Situation.

Als Bruno an uns vorbei war rief die Halterin: "Sehen Sie Frau Höft, Bruno tut wirklich nix, wenn er ohne Leine ist. Sie brauchen heute also nichts in ihrem Blog berichten".

Sprachlos über diese völlige Fehleinschätzung der Situation blieb mir nur noch, dieser Halterin den Besuch einer guten Hundeschule zu empfehlen.

Trotz unseres smarten Lebens ist es wichtig, beim Gassi in Verbindung mit seinen Hunden zu sein und auf diese zu achten. Erkennt man rechtzeitig die ersten Anzeichen, seien es die seines eigenen Hundes oder auch die des entgegenkommenden Hundes, wann "Tut Nix" zu einem "Tut doch was" umschaltet, kann man noch rechtzeitig eingreifen und zumindest die Hunde aus der Situation bringen. Eine Warn-App, die den Menschen aus seiner Verantwortung befreit, gibt es leider noch nicht!

Wenn sich das Jahr dem Ende neigt

Es wird die eigentlich ruhige Zeit genannt, die Adventszeit. Es ist die Zeit, um innezuhalten und sich auf das bevorstehende Weihnachtsfest zu freuen.

Doch mittlerweile bedeutet die Vorweihnachtszeit für viele Menschen Stress pur. Die Menschen begeben sich auf die Jagd, aber nicht nach den benötigten Dingen, um zu überleben. Sie jagen nach Geschenken in Konsumtempeln.

Die Städte sind überfüllt, die Menschen drängen sich in aller Hektik durch die Massen, vorbei an bunt blinkenden Lichtern und grell leuchtenden Reklameschildern. An allen Ecken dröhnt Weihnachtsmusik aus den Lautsprechern. Willkommen im alljährlichen Weihnachtswahn!

Warum tut man sich das an? Man möchte seinen Liebsten Freude bereiten und sie glücklich machen. Die Wunschzettel sind lang und das nicht Erfüllen der Erwartungen würde bittere Enttäuschungen unter dem Weihnachtsbaum hervorrufen.

Das Trommeln der Industrie hat bestens funktioniert. Glück wird gemessen an materiellen Dingen und das lassen wir uns einiges kosten. Der Wert des käuflichen Glücks aber ist schnell verflogen und man sucht neue Güter, die viel Geld und viel unserer Lebenszeit kosten.

Das Glück unserer Hunde haben wir in diesen hektischen Zeiten ebenfalls fest im Blick. Auch sie werden reich beschenkt, mit allem was man kaufen kann. Hundebetten, Hundespielzeug, Hundepullover oder die neueste Futterkreation, alles verziert mit weihnachtlichen Motiven und völlig überteuert. Egal, Glück lässt sich der Konsument so einiges kosten und Weihnachten ist ja nur einmal im Jahr. Der Mensch ist in diesen Kreislauf eingetaucht, hat sich vom Schein der schönen Dinge blenden lassen und will immer mehr.

Glück ist käuflich! Wurde und wird uns mantraartig eingeredet. Um das System zu hinterfragen bleibt keine Zeit mehr, muss man doch immer mehr arbeiten, um noch mehr Geld zu verdienen und noch mehr Glück kaufen zu können.

Nach Ladenschluss am 24.12. kommt die Welt ein wenig zur Ruhe, der Mensch jedoch nicht. Ungeduldig wird gewartet bis man wieder in die Geschäfte stürmen kann, um das falsch geschenkte Glück umzutauschen.

Und im neuen Jahr? Das einst hübsch verpackte Glück ist verflogen und der Irrsinn beginnt erneut. Der Mensch stürmt los und begibt sich erneut auf die Jagd nach seinem neuen Glück. Es ist Schnäppchenzeit und lässt des Menschen Konsumherz höherschlagen.

Und unsere Hunde?

Sie kommen zu uns in eine materiell geprägte Welt, in laute und hektische Städte, sie kommen in eine für sie fremde Welt, die sie häufig völlig überfordert.

Sie kommen zu Menschen, die ihnen fremd sind, die auf Leistung und Perfektionismus gedrillt sind. Sie kommen zu Menschen, die sich von Äußerlichkeiten blenden lassen, die Hunde nach ihrem Aussehen aussuchen und keinen Blick mehr für das Wesen Hund haben.

Hunde kommen zu Menschen, die keine Zeit mehr haben innezuhalten, sie kommen in eine Welt, die Ruhe nicht mehr zulassen kann. Sie kommen zu Menschen, die sich selbst nicht mehr in dieser sich immer schneller drehenden Spirale zurechtfinden und ihren Halt immer öfter bei den Hunden suchen. Die Medikamente, Alkohol oder Drogen zu sich nehmen, damit sie dieses Leben ertragen können.

Sie kommen zu Menschen, die von Neid und Gier getrieben sind, denen Respekt und Wertschätzung abhandengekommen sind. Sie kommen zu Menschen, die selbst kaum noch mit den Menschen zurechtkommen, die sich gegenseitig beschimpfen, beleidigen, verletzen oder gar töten. Sie kommen zu Menschen, die immer auf Empfang und in Verbindung mit der Welt sind, aber keine Verbindung mehr zu sich selbst haben.

Wie sollen sich unsere Hunde in dieser Welt und mit diesen Menschen zurechtfinden? Sie bekommen Training aber keine Erziehung, sie bekommen eine Ausbildung aber keine Orientierung, sie bekommen Beschäftigungsprogramme aber keine Ruhe. Sie bekommen alles, was für Geld erhältlich ist.

Hunde wie Menschen halten dieses Tempo kaum noch aus. Gemeinsam sind sie in einer Welt gefangen, die sie hoffnungslos überfordert. Es verwundert daher nicht, dass sich bei Mensch und Hund körperliche Erkrankungen und Verhaltensauffälligkeiten mehren.

Warum fällt es uns so schwer, die Hilfe unserer Hunde anzunehmen und in ihre Welt einzutauchen? Weil sie dumme Hunde oder blöde Köter sind?

Mitnichten! Wenn wir Hunde wieder als Hunde sehen und sie nicht zu Adrenalinjunkies dauerbeschäftigen, bringen Hunde eine tiefe innere Ruhe mit, die sie gerne mit uns teilen. Für unsere Hunde hat Glück eine ganz andere Bedeutung und eine besinnliche Vorweihnachtszeit wäre ihre Welt.

Mal innehalten, gemeinsam ruhen oder gemeinsame Zeit während eines Spaziergangs durch die Natur zu verbringen wäre für unsere Hunde das Paradies auf Erden.

Nehmen wir hin und wieder die helfende Pfote unserer Hunde an und steigen öfter mal aus unserem hektischen Alltag aus. Dieses innere Glück, das wir dabei erfahren, ist unbezahlbar und durch nichts zu ersetzen.

Es ist ein großes Glück und eine große Chance für uns Menschen, dass Hunde uns als Sozialpartner gewählt haben. Dies erkennen wir, wenn wir den Blickwinkel ändern und die Welt mit den Augen unserer Hunde sehen – so wie sie ist und nicht wie uns eingeredet wird, wie wir diese Welt zu sehen haben.

Das wahre Glück kann man nicht kaufen, wir können es nur in uns finden und verdoppeln, indem wir es weiterreichen.

Ist der weihnachtliche Wahnsinn geschafft, verfallen viele Hundehalter*innen in Panik. Obwohl ein ganzes Jahr Zeit war, sich und seine Hunde auf diesen einen besonderen Tag des Jahres vorzubereiten heisst es wenige Tage vorher: plötzlich ist Silvester!

Doch anstatt Ruhe zu bewahren fallen viele Hundehalter*innen in eine kollektive Hysterie und treiben ihre Hunde mit in den Wahnsinn. Doch selbst kurz vor dem Katastrophentag verlässt der Mensch seine Komfortzone nicht und sucht stattdessen im Netz nach Hilfe, fragt nach Tipps und Tricks.

Schnell fühlen sich viele als Experten berufen und geben die vielfältigsten Empfehlungen ab. So sollen Beruhigungsmusik oder Shirts, Medikamente, Globuli oder auch Alkohol für Abhilfe sorgen können. Viele Nutzer berichten von guten Erfolgen bei ihren Hunden mit den von ihnen empfohlenen Mitteln. Aber eben bei ihren Hunden, nicht berücksichtigt wird hierbei, dass ein anderer Hund ganz anders reagieren und sich seine Angst, aufgrund von Ferndiagnosen, sogar noch weiter steigern kann.

Auch hier gibt es nicht das eine Wundermittel, das auf alle Hunde anzuwenden ist. Besonders die Verabreichung von Alkohol oder gar Medikamenten muss vorher zwingend mit einem Tierarzt seines Vertrauens abgeklärt werden, denn die Nebenwirkungen können verheerend sein.

Wer bereits vor Silvester in Panik gerät, verringert seine Chance und die seines Hundes enorm, um diesen Tag gut überstehen zu können. Hunde spüren, wenn mit ihren Menschen etwas nicht stimmt und reagieren entsprechend. Sie spüren die Angst, die Unsicherheit und auch die Panik ihres Menschen.

Die wichtigste Voraussetzung, um gut durch den Silvestertag zu kommen ist selbst ruhig zu bleiben. Wir haben unseren Weg gefunden, um mit entspannten Hunden ins neue Jahr zu gehen. Diesen Tag verbringen wir wie immer, mit einer Ausnahme: da auch bereits tagsüber geballert wird, fällt das Gassi aus. Wir haben ein großes Gelände und wenn wir die Hunde raus lassen sind wir mit dabei. Die Haustür bleibt dabei auf, damit den Hunden der Weg ins schützende Haus nicht versperrt ist.

Gegen 22 Uhr machen wir die Schotten dicht, ziehen uns ins Schlafzimmer zurück und alle Hunde sind bei uns. So überstehen wir seit vielen Jahren Silvester, ohne Medikamente, ohne ein "Schlückchen" Eierlikör und ohne Chemie.

Mit dieser "Methode" hat selbst der überängstliche Pongo, der im letzten Jahr noch bei seiner vorherigen Besitzerin war und zwei Wochen lang nach Silvester das Haus nicht mehr verlassen hat, den Jahreswechsel neben mir verschlafen.

Auch wenn man es sich nicht zutraut, seinem Hund ein ruhiger und zuverlässiger Partner zu sein und lieber zu irgendeinem „Wundermittel" greift, sollte man bedenken, dass man lediglich die Symptome der Angst behandelt aber nicht die Ursache. Diese tritt spätestens wieder auf, wenn es wieder plötzlich Silvester ist!

Ein guter Vorsatz

Mensch und Hund werden immer mehr in den Perfektionismus getrieben, vorgelebt von einer Gesellschaft, die im digitalen Exhibitionismus lebt. Schön und perfekt muss diese Welt sein, Natürlichkeit und Normalität bringen keine Klicks und das wahre ICH keine Likes. Die heutige Gesellschaft hat für Individualität keinen Platz mehr. Eine Gesellschaft, die nur noch im Überfluss konsumiert, aber nicht mehr im Jetzt lebt, hat keine Zeit mehr, Dinge wertzuschätzen. Eine Gesellschaft, die sich lediglich an Äußerlichkeiten ergötzt und keine Abweichungen duldet, versteckt die innere Armut hinter einer perfekten, goldenen Fassade. Anders zu sein wird immer seltener toleriert und doch will jeder anders sein. Abstechen von der Masse, von der man sich abheben möchte.

Ein Mensch, der auf seine innere Stimme hört, der auch mal wagt „Nein" zu sagen gilt als Egoist und nicht selten wird er als Querulant eingestuft.

Auch unsere Hunde müssen sich den Vorstellungen der Menschen von Perfektionismus unterordnen. Hunde, die die von den Menschen erfundenen Verhaltensweisen nicht kennen, werden als Problemhunde bezeichnet. In typischen hündischen Verhaltensweisen werden Aggressionen hineininterpretiert, die abtrainiert oder wegdominiert werden müssen. Um sich selber zu hinterfragen bleibt bei der permanenten Selbstdarstellung keine Zeit. Die Follower wollen mit neuen Bildern einer perfekten Hochglanzwelt bedient werden und das Eingestehen eigener Schwächen würde das perfekte Kartenhaus einstürzen lassen.

Der Hund als bester Freund des Menschen? Ja, aber nur wenn er perfekt ist, wenn er aufs Wort hört und seine natürlichen Verhaltensweisen abgelegt hat. Wir aber nehmen uns nicht die Zeit, um die Sprache und die Welt unserer Hunde kennenzulernen. Wir verlangen so viel von ihnen und geben doch so wenig zurück.

Was nicht passt, wird passend gemacht. Entspricht der Hund nicht dem von der Gesellschaft auferlegten Schönheitsideal bekommt er eine Schönheitsoperation, den perfekten Haarschnitt oder die perfekte Verkleidung. Passen muss der Hund, um von den unperfekten Menschen abzulenken. Der Mensch nennt es die perfekte Liebe, für unsere Hunde aber bedeutet dies häufig viel Leid, wird ihnen ihr natürliches Aussehen, ihre natürlichen Ausdrucksweisen und somit ein wichtiger Teil ihrer Kommunikation genommen.

Wir sollten uns alle wieder entspannen, dies würde unser Leben und das unserer Hunde erheblich entschleunigen und um ein Vielfaches an Lebensqualität erhöhen. Wir haben so viel Zeit. Doch anstatt diese zu nutzen, verbringen wir unsere wertvolle Lebenszeit, um an Morgen zu denken oder über das Gestern zu hadern.

Wir verbringen viel Zeit auf Hundeplätzen, um unsere Hunde zu perfektionieren, wir investieren so viel Zeit, um ihnen Befehle beizubringen und wir tun alles, damit sie sich uns unterordnen.

Bei alledem bleibt für das Wichtigste keine Zeit: Vertrauen und Bindung! Hunde bringen diese Fähigkeiten bereits mit, wir können dies unseren Hunden nicht antrainieren. Vertrauen muss wachsen und dazu braucht es Zeit. Sind wir ehrlich der Mensch, der wir vorgeben zu sein? Wenn ja, schließen sich unsere Hunde uns an, gerne und freiwillig. Dafür aber fehlt den meisten Zeit und Geduld. Schnell muss und soll alles und jeder perfekt funktionieren.

Ich jedenfalls will und brauche keine perfekten Hunde, ich möchte keine perfekt funktionierenden Maschinen, die auf Kommando Befehle ausführen. Ich möchte Hunde an meiner Seite, die noch Hunde sind. Die mich an ihrem Leben und ihrer Welt teilhaben lassen und mich akzeptieren wie ich bin und mir auch meine Fehler verzeihen. Ich rechtfertige mich nicht für das, was meine Hunde nicht können, ich liebe sie für das was sie können. Meine Hunde müssen nicht auf Befehl Sitz und Platz ausführen, das können sie auch ganz von alleine. Es ist für mich so viel mehr wert, wenn wir gemeinsam unterwegs sind, wenn sie von selber meine Nähe suchen, mir die Verantwortung der Entscheidung übertragen, mir ihr vollstes Vertrauen schenken und entspannt neben mir einschlafen.

Anstatt unsere Zeit damit zu vergeuden, jeden neuen Trend hinterherzuhecheln sollten wir unsere Zeit nutzen, um unsere Hunde zu führen statt zu trainieren, sie durch unsere Welt zu leiten und sie so sehen wie sie sind: vollkommen aber nicht perfekt. Wir sollten uns die Zeit nehmen, um von unseren Hunden zu lernen. Hunden ist es egal welche Kleidung wir tragen, ob unsere Nase schief, unser Gesicht Falten aufweist oder welche Zahl auf dem Kontoauszug steht, sie spüren den wahren Menschen hinter der nahezu perfekten Maskerade.

Vielleicht sind wir deshalb so bemüht, unseren Hunden alles hündische abzuerziehen und abzutrainieren? Die Ehrlichkeit unserer Hunde kann manchmal schmerzhaft für den vermeintlich perfekten Menschen sein.
Eines jedoch haben wir gemeinsam: weder Mensch noch Hund sind perfekt und werden es auch niemals sein. Lernen wir dies zu akzeptieren und lassen wir unseren Hunden ein Stück ihrer Natürlichkeit, bleibt beiden Seiten so manche Enttäuschung erspart.

Machen wir uns bewusst, wie kostbar Zeit ist. Wenn wir beginnen wieder zu genießen und aufhören alles und jeden ständig zu perfektionieren, kommen wir unseren Hunden einen großen Schritt näher.

Ich wünsche den Leserinnen und Lesern dieses Buches Zeit, Zeit um innehalten zu können, um das Hier und Jetzt und den Augenblick genießen zu können – so wie unsere Hunde es uns vorleben!

Zum Abschluß dieses Buches möchte ich Ihnen noch eine Geschichte erzählen, die verdeutlicht, welch enormen Einfluss der Mensch auf seinen Hund hat, ganz ohne Worte!

Wenn sich der Mensch ändert...

Ein älteres Ehepaar hatte mich um Unterstützung mit ihrem Rüden Ben gebeten. Am Telefon berichtete mir Herr Schneider, dass Ben ein toller Hund ist aber er ihn an der Leine kaum halten kann. Ben reagiert sehr nervös und zieht und zerrt Herrn Schneider in alle Richtungen und mittlerweile stellen sich bei Herrn Schneider gesundheitliche Probleme an der Schulter ein, verursacht durch das Kraftpaket Ben. Ich nenne es die „Hundeschulter".

Ich bat Herrn Schneider am drauffolgenden Wochenende zu mir zu kommen, damit ich mir Bens Verhalten ansehen kann.

Zu dem vereinbarten Termin kamen Herr und Frau Schneider mit ihrem Ben. Herr Schneider öffnete den Kofferraum und es dauerte eine Weile, bis er Ben herausholte. Kurz darauf wusste ich warum. Herr Schneider hatte Ben dreifach gesichert. Ben trug ein Kopfhalti, ein Geschirr und ein Halsband. Um Ben halten zu können, hatte Herr Schneider die Leine des Brustgeschirrs an seinem Körper gesichert und die beiden anderen Leinen hielt er fest in seinen Händen.

Ben war sehr aufgeregt und war trotz der drei Leinen und des Haltis nicht zu bändigen. Er zog und zerrte Herrn Schneider mit sich herum und dieser hatte alle Mühe, Ben zu halten. Irgendwie aber hatte Herr Schneider es geschafft, mit Ben mein Gelände zu erreichen.

Frau Schneider folgte mit einigem Abstand. Sie war körperlich nicht fit. Es war überhaupt nicht daran zu denken, dass sie die Leine von Ben nehmen konnte.

Für die Trainingsstunde bot ich Frau Schneider einen Stuhl an, und meine Arbeit begann – mit Herrn Schneider.

Ich muss vorweg nehmen, dass Herr Schneider trotz seines anstrengendes Jobs mit Ben seinen Humor nicht verloren hatte und wir auch eine Menge Spaß, trotz aller Arbeit, zusammen hatten.

Zuerst forderte ich Herrn Schneider auf, Ben das Kopfhalti abzunehmen und ich dachte, er fällt vor Schreck in Ohnmacht. Nein das wollte er nicht, gab es ihm doch ein wenig Sicherheit. Ich musste noch einige Überzeugungsarbeit leisten, bis Herr Schneider meiner Aufforderung nachkam und das Halti entfernte. Geschafft!

Nun bat ich Herrn Schneider, Ben das Brustgeschirr zu entfernen. Wieder sah ich in seinem Geschicht blankes Entsetzen. Nein, auch das wollte er zunächst nicht. Wieder konnte ich Herrn Schneider überzeugen, meiner Bitte Folge zu leisten.

Kaum war das Leinenwirrwarr entfernt, entspannte sich Ben ein wenig und die eigentliche Arbeit konnte beginnen – mit Herrn Schneider.

Herr Schneider war eine stattliche Erscheinung und ein sehr freundlicher, aufgeschlossener Mann, den aber Ben an seine Grenzen gebracht hat, psychisch und physisch.

Zwei Stunden lang redete ich Herrn Schneider ins Gewissen, arbeitete an seiner Haltung und vor allem an seiner Einstellung. Kommentiert wurde unsere Arbeit von Frau Schneider, die immer wieder bemerkte, dass sie das alles Herrn Schneider bereits mehrmals gesagt hat.

Nach diesen zwei Stunden waren wir alle erschöpft, aber wir hatten Erfolg. Herr Schneider bekam zusehends die Aufmerksamkeit seines Hundes und der Rüde zerrte nicht mehr an der Leine. Auch wenn Ben noch nicht ganz "rund" lief, wie Herr Schneider es nannte, konnte er ihn immerhin mit nur einer Leine führen. Es war ein großer Fortschritt.

Bevor wir uns verabschiedeten, bat ich Herrn Schneider unbedingt an dem heute gelernten dran zu bleiben und vor allem kein Halti mehr zu benutzen. Frau Schneider versprach, einen kritischen Blick auf Herrchen zu haben. Wir verabredeten einen weiteren Termin für das kommende Wochenende.

Familie Schneider traf pünktlich bei mir ein und als Herr Schneider seine Autotür öffnete und ausstieg, fiel mir der Kinnladen runter. Ich sah einen anderen Menschen. Herr Schneider sah sichtlich gelöst aus und hatte nichts mehr von der verkrampften Haltung und dem verbitterten Gesichtsausdruck der Vorwoche. Entspannt öffnete er den Kofferraum und holte Ben mit nur einer Leine raus. Ben blieb stehen und wartete, bis Herr Schneider den Kofferraum wieder geschlossen hatte, seiner Frau aus dem Auto half und sich auf dem Weg zu mir machte. Ben war zwar noch ein wenig aufgeregt, doch zerrte er sein Herrchen nicht auf mein Gelände, sondern ging an der lockeren Leine.

Immer noch staunend bat ich Familie Schneider zunächst Platz zu nehmen und mir von der vergangenen Woche zu berichten. Was ich hörte, trieb mir die Freudentränen in die Augen.

Herr Schneider berichtete mir, dass er am Folgetag unseres Trainings mit Ben zu einer Hundemesse gefahren ist. Er erzählte, dass er Ben nur mit der Leine durch die Messe geführt hat, vorbei an unzähligen anderen Hunden und den vielen Menschen. Ben habe zwar manchmal leicht reagiert, aber es kam zu keinerlei Zwischenfällen und er konnte stolz wie Oskar mit Ben durch die Hallen schreiten. Stolz sei er vor allem gewesen, wenn er all die kläffenden und an der Leine ziehenden Hunde gesehen hat.

Ich war sprachlos und das sagte ich auch dem Ehepaar. Frau Schneider meinte, dass sie ihrem Mann immer wieder gesagt hat, dass er sich entspannen muss, um mit Ben klarkommen zu können. Ihre Worte aber sind an ihrem Mann abgeprallt und er hat den Tritt in den Allerwertesten von mir gebraucht.

Meine Worte hat er sich zu Herzen genommen und Ben ist seit dem Besuch bei mir ein anderer Hund.

Ich entgegnete Frau Schneider, dass ihr Mann sich innerhalb einer Woche enorm verändert hat und Ben lediglich auf diesen neuen Herrn Schneider reagiert.

An diesem Tag haben wir noch viel geredet, denn zu tun gab es, für mich zumindest, nichts mehr!

Dieses Beispiel hat auch mir noch einmal sehr deutlich gemacht, welch enormen Einfluss der Mensch auf seinen Hund hat und dass Hundetraining ohne Menschentraining auf Dauer keinen Sinn macht.

Erst wenn die Menschen sich ändern, ändern sich auch ihre Hunde und das lässt erstaunte Hundebesitzer manachmal über Nacht sagen: Das hat er ja noch nie gemacht!

Danke

Zum Ende dieses Buches ist es an der Zeit für mich, mich bei allen Hunden zu bedanken, die ich im Lauf meines Lebens kennenlernen durfte. Besonders erwähnen möchte ich an dieser Stelle Rex und Blacky. Zwei Hunde, die so ursprünglich und echt waren, wie es nur diese Lebewesen sein konnten. Sie waren meine wahren Wegbereiter und die großartigsten Lehrmeister in vielen Bereichen meines Lebens.

Sie haben mir gezeigt, wie wenig es doch braucht, um mit diesen wunderbaren Tieren leben zu können.
Durch sie bin ich der Mensch geworden, der ich heute bin. Ihre Einfachheit des Seins hat mich von Kindertagen an geprägt und mich motiviert, mir immer selbst treu zu bleiben und meinen Weg zu gehen.

Auch möchte ich mich bei meiner Familie bedanken, ohne deren Unterstützung ich heute nicht da wäre, wo ich bin. Meine Familie hat mich bestärkt meinen Weg zu gehen, auch wenn der Mainstream mir so manchen Knüppel zwischen die Beine geworfen hat. Sie hat mir geholfen, in schwierigen Zeiten nicht aufzugeben, sondern weiter an mich und das, was die Hunde mich gelehrt haben, zu glauben.

Ich bedanke mich bei meiner Hündin Anabel, die mir in der schwersten Zeit meines Lebens treu zur Seite stand, die mich nicht aufgeben hat lassen und mich zurück auf die helle Seite des Lebens gebracht hat.

Ich bedanke mich bei meiner Elli, die noch so klar und eindeutig in ihrer Kommunikation ist, wie es heute selten zu finden ist. Sie ist die souveräne Hündin, die sich jeder Mensch wünscht, aber die vielen trotzdem Angst macht. Sie ist eine Hündin, die sich nicht verbiegen oder umtrainieren lässt. Elli ist echt und authentisch. Sie ist der beste Lehrmeister, den man sich wünschen kann.

Ein Danke geht auch an Maya. Sie ist aufgrund ihrer Besonderheiten eine liebenswerte Hündin, die mir zeigt, dass es zu einem Hundeglück nicht viel braucht. Sie zeigt mir, dass Hunde viel genügsamer sind, als geschäftstüchtige Unternehmer den Menschen einreden wollen.

Danke an mein Seelchen Amelie. Eine Hündin mit einem, wie ich es nenne, Engelsauge. Ihr offener Blick und ihr sanftes Gemüt lässt jedes Herz dahinschmelzen.

Und natürlich Pongo. Ein Hund, der in seiner Angst gefangen war, der Menschen verletzt und jegliches Vertrauen zu ihnen verloren hat.

Der nach und nach beginnt, mir sein Vertrauen zu schenken, bei mir seine Orientierung sucht und langsam seine Ängste überwinden kann.

Ich bedanke mich bei den vielen Leserinnen und Lesern meiner Artikel, veröffentlicht in meinem Blog „Pfote today", auf meiner Facebookseite Problem-Mensch-Hund und meiner Facebookgruppe „Pfote today". Sie waren es, die mich durch ihre Kommentare zu diesem Buch animiert und motiviert haben. Ohne sie hätte ich kaum den Mut gefunden, dieses Buch zu schreiben oder gar zu veröffentlichen.

Denn hier muss ich sagen: „Das habe ich ja noch nie gemacht!"

Ich habe dieses Buch nach bestem Wissen und Gewissen geschrieben und meine Erfahrungen und Überlegungen eingebracht. Es wurde lektoriert, korrigiert und mehrmals überarbeitet.

Sollten sich dennoch Schreibfehler eingeschlichen haben, bitte ich dies zu entschuldigen.

Niemand ist perfekt und kann es auch niemals sein. Dies eint Mensch und Hund.

Ich bedanke mich bei Marion und Sabrina Marosch. Sie haben mich während der Schreibarbeiten unterstützt und so mache Fehler ausgemerzt.

Danke auch an pjm-fotografie.bayern für die Bilder. Auf einem Bild sind nicht nur meine Hündinnen, sondern auch mein Enkelhund Frieda, zu sehen. Jeder braucht ein schwarzes Schaf, pardon einen schwarzen Hund, in der Familie.

Marion Höft

Zeitfracht Medien GmbH
Ferdinand-Jühlke-Straße 7
99095 Erfurt, Deutschland
produktsicherheit@kolibri360.de